2023 한국의사수필가협회 공동수필 제15집

별을 위한 시간

2023 한국의사수필가협회 공동수필 제15집

별을 위한 시간

초 판 1쇄 발행 | 2023년 11월 24일

지은이 | 유형준 외 28인
펴낸이 | 홍윤경
북디자인 | 오정화

펴낸곳 | 도서출판 재남
주소 | 서울 송파구 문정로55 101동 1504
대표전화 | 02-585-8108
전자우편 | onionmilk@hanmail.net
출판등록 | 제2014-29호

저작권자 2023 ⓒ 한국의사수필가협회

* 이 책의 저작권은 저자에게 있습니다.
ISBN 979-11-88083-18-3 03810
값 | 12,000원

* 잘못 제본된 책은 바꿔드립니다.

Printed in KOREA

2023 한국의사수필가협회 공동수필 제15집

별을 위한 시간

유형준 외 28인

재남

발간사

2023 한국의사수필가협회 공동수필 제15집

의사 수필의 틀과 속을 영절스레

유형준(한국의사수필가협회 회장)

2023 한국의사수필가협회 공동수필 제 15집

별을 위한 시간

우리 협회 공동수필 제15집 『별을 위한 시간』 발간을 회원 여러분과 수필을 사랑하시는 모든 분과 함께 기뻐합니다.

"왜 글을 쓰는가?"
조지 오웰이 네 가지로 답했습니다.
"살려고, 이름을 떨치려고, 세상을 바꾸려고, 의미를 찾으려고."

각각에 주어지는 무게는 각자 다르지만, 또한 때에 따라 똑같지 않겠지만, 근거 없이 까닭 없이 대상 없이 수필을 짓는 이는 없습니다. 특히, 여럿이 모여 한 권의 수필집을 잉태하여 출산하는 공동수필집은 근거와 까닭이 보다 두드러집니다. 한국의사수필가협회 공동수필집은 회원들의 수필 문학 예술적 심중(心中)을 한데 모아 확인하는 결실이며, 작품과 편집과 제본에 이르기까지 우리 회의 모든 수필 문학 역량이 집결되어 드러나는 작업입니다. 아울러 이 작업을 통하여 회원 각자의 문력(文力)이 더 튼튼해지고, 우리 협회가 단단해지며, 의사 수필 문학의 성장 발전을 다지는 잔치라 믿습니다.

지면 제한 등의 형편으로, 한 해 동안 회원들이 발휘한 필력(筆力) 통째를 실을 수 없어 못내 아쉽습니다. 회원들의 수필 창작 활동 전부를 가능한 담아낼 수 있는 묘안을 차차 궁리할 다짐을 합니다.

공동수필집의 발간이 그러하듯이, 『별을 위한 시간』 역시 문학적 동질성이 조금이라도 희미해지지 않았을까 저어합니다. 그러나 각 전문의료분야에서 길어 올린 글감과 독창적 시선이 자아낸 의사 수필의 틀과 속을 영절스레, 더구나 푸짐하게, 담아내지 않았나 자찬(自讚)하면서 그 염려를 무릅씁니다.

귀한 작품을 흔쾌히 내주신 회원분들께 감사합니다. 상재를 위해 열정 넘치는 정성을 다해주신 장덕민 간행이사께 감사합니다. 발간의 진행 사무를 순조로이 챙겨주신 안혜선 총무이사와 이경한 재무이사께 감사합니다. 자신의 책처럼 만들어주신 재남출판사에 감사합니다.

2023년 11월

차례

발간사
의사 수필의 틀과 속을 영절스레 | 유형준(한국의사수필가협회 회장) … 4

1부 기다림도 끝이 있기를

기다림도 끝이 있기를 | 이경한 … 12
나 살아가는 이유가 되리라 | 임선영 … 17
나는 어디로 가는가 | 김인호 … 22
나의 삼일절 | 권경자 … 27
凌霄花능소화, 그 문학적 형상화들 | 신종찬 … 32

2부 마지막 소원

듀산베 추억 | 이종규 … 40
마지막 소원 | 박관석 … 44

먹고 죽은 귀신이 때깔도 좋다고? | 안인순 ··· 48
문화선택의 고민은 그대 몫이요 | 장성구 ··· 53
바둑 도전 | 전경홍 ··· 59

3부 슬픈 꿈

호숫가에서 범종을 울리다 | 황건 ··· 66
별을 위한 시간 | 김금미 ··· 70
빨래 | 안혜선 ··· 75
슬픈 꿈 | 정찬경 ··· 80
어머니 어머니 나의 어머니! | 안광준 ··· 85

4부 의사의 선물

오늘 하루 웃고, 오늘 하루 배부르며 | 김철환 ··· 92
우리의 관계 | 여운갑 ··· 97
원조의 퇴장 | 조광현 ··· 101

의사(醫師)의 선물 | 정경헌 ⋯ 108
잘한다, 잘한다, 자란다 | 정명희 ⋯ 112

5부 이슬방울처럼

절정 | 신길자 ⋯ 118
정말로 좋은 세상 | 이병훈 ⋯ 124
이슬방울처럼 | 유형준 ⋯ 128
쿵짜작 쿵작 카타르시스 | 김화숙 ⋯ 134
튀르키예 지진지대에 나눈 인술 | 김석권 ⋯ 138

6부 낯선 곳에서 길을 잃다

서울의대 학생 기숙사와 연기론(緣起論) | 정준기 ⋯ 150
길 | 이희 ⋯ 154
낯선 곳에서 길을 잃다 | 이하린 ⋯ 159
다시, 학생 | 장덕민 ⋯ 163

2023 한국의사수필가협회 공동수필 제15집

별을 위한 시간

기다림도 끝이 있기를

나 살아가는 이유가 되리라

나는 어디로 가는가

나의 삼일절

凌霄花능소화, 그 문학적 형상화들

1부
기다림도 끝이 있기를

기다림도
끝이 있기를

이경한

    7월이 되니 여름장마가 시작된다고 예고되었다. 올해는 날씨가 매우 덥다고 한다. 몇 년간 지속되던 코로나라는 신종바이러스의 위세가 겨우 꺾이고, 일부에선 해외여행이 활발해지기 시작한다고 신문보도가 나오기도 한다.

    비가 온 후 후덥지근한 날 오후 늦은 시간에 그녀가 진료실로 들어섰다. 일 년 전에 잠을 못 잔다고 하며 내원했던 분이다. 딸만 다섯인 가정에서 맏딸로 태어난 그녀는 초등학교를 겨우 졸업하고 중학교 진학은 꿈도 꿀 수 없었다. 엄마가 일을 하러 간 사이 집안일을 도맡아 하며 어린 막내여동생을 돌봐야 했기 때문이다. 결혼하고도 친정 쪽에 신경쓰느라고 자신을 돌볼 틈이 없었다. 친정어머니는 병든 친정아버지를 맏딸에게 맡겼다. 아버지 돌아가실 때까지 15년을 수발했는데 숨을 돌릴 틈도 없이 친정어머니가 폐암 진단을 받았다.

친정어머니가 돌아가실 때까지 5년간 병수발을 해야 했다. 평생을 가족에게 헌신한 그녀의 삶에 그녀는 없었다. 자신에게 온갖 어려운 일을 맡긴 친정엄마에 대해서 좋은 기억이 없다.

  자신에게 첫눈에 반했다는 8살 연상의 남편을 만나 결혼했다. 남편은 자상하고 친절한 사람이었지만 시댁이 가난했다. 셋방살이로 결혼생활을 시작해 근근이 꾸려가던 중 첫째 아들이 열 살 되던 해 남편이 잠시 실직했다. 그녀가 생활전선에 뛰어들 수밖에 없었다. 새벽 네 시부터 우유배달을 하고 오후에는 가사도우미를 하거나 식당에서 설거지를 하면서 아들 둘을 어렵게 키웠다. 두 아들이 고교 진학을 앞두고 주변에선 대학 학비가 비싸니 실업계를 보내라고 권유했다. 하지만 자식까지 배우지 못한 자신의 뒤를 밟게 하고 싶지 않았다.

  아들 둘을 동시에 대학을 보낼 수 없어, 큰아들이 대학을 졸업할 때까지, 둘째 아들은 군복무를 하고 나와 복학을 연기하며 아르바이트를 해서 학비를 모은 후 복학했다. 총명한 첫째 아들이 서울에 있는 대학에 진학하기를 원했으나, 형편이 안 되어 지방 국립 대학교에 진학시킨 일이 두고두고 걸렸다. 부모가 능력이 없어서 자식의 앞날을 막는 게 아닌지 걱정이 되었다. 자식에게 미안한 마음 때문일까? 그녀는 큰아들의 취업을 위해 천일기도를 올렸다. 꼬박 3년 동안 힘들어도 하루도 빠지지 않고 절에 다니며 부처님께 빌었다. 부처님도 그녀의 정성에 감동하셨던지 다행히 큰아들은 대학교 졸업과 동시에 좋은 은행에 취업이 되었.

  이제는 큰아들은 승진하여 지위가 높아졌고, 경제적으로 여유가 생겨 대형 아파트로 이사도 했으며, 해외여행도 자주 다니고 여유로운 삶을 누리고 있다.

석 달 전부터 남편이 정년퇴직을 하여 집에 있다고 한다. 어려운 고비 그럭저럭 넘기고 60대 중반에 들어선 그녀도 이제는 행복해야 되는데 여유롭게 삶을 즐겨도 될 텐데 그러질 못한다. 잠이 오지 않고 사는 재미가 없고 죽고 싶다고만 한다. 그 이유가 궁금했다. 여간해선 마음을 열지 않던 그녀가 입을 열었다. 큰아들과 큰며느리가 마음을 주지 않는다는 것이었다. 자식 얼굴에 먹칠을 할까 차마 누구에게 얘기도 못하겠다고 한다.

코로나바이러스의 위세가 꺾이니, 주위에선 가족끼리 제주도나 일본으로 여행을 많이 다닌다고 한다. 큰아들도 수시로 일본 여행을 다녀오는 눈치다. 넌지시 여름휴가 얘기를 묻고, 자기들도 같이 갈 수 있는지 운을 떼었다. 큰 며느리가 말했다.

"6월 중에 같이 캠핑 가요."

남편은 고대하였다. 하지만 7월이 되어도 연락이 없었다. 현관문을 뚫어지게 쳐다보며 자식을 기다리는 남편을 보고 있으려니 그녀는 마음속에서 뜨거운 것이 치밀어 올랐다. '내가 부모에게 잘하는 모습을 보여주면 자식도 부모에게 잘하겠지'라고 생각했던 자신의 어리석음을 한탄했다. 여기까지 말한 그녀가 흑 울음을 터뜨린다.

"원래는 그렇게 하는 게 옳은 교육인데…"

무슨 말을 해도 위로가 되지 않을 것 같아 말끝을 흐렸다.

자식을 기다리는 딱한 남편에게 자신은 처음부터 기다리지 말라고 당부를 했다고 한다.

며느리는 전에도 수차례 여행가자는 말은 했지만 같이 다녀 본 적이 없었다. 나는 안타까워 물었다.

"아들은요?"

그녀의 대답이 뜻밖이다.

"아들은 더해요. 일 년 동안 전화 한 통 없어요. 내가 물어도 대답을 안 해요."

하도 답답해서 큰아들에게 진지하게 물은 적이 있었다고 했다.

"내가 네게 잘못한 걸 얘기해 줘. 왜 그러는 거야?"

아들의 답은 간단했다.

"엄마는 잘못한 게 없어요."

이 말을 듣는 순간, 나는 아들의 마음 속의 깊은 분노가 느껴졌다. 분노가 직접적으로 그녀에게 향하지는 않지만, 그녀와의 관계를 개선시키는 데는 큰 걸림돌이 된다는 것이 느껴졌다.

그동안 남들에게 못했던 얘기의 물꼬가 터지니, 그녀는 봇물처럼 쏟아냈다.

"큰아들은 자기 가족밖에 몰라요. 부모에겐 정이 없어요. 선생님, 저는 봄부터 여름휴가까지가 제일 괴로워요. 자식들이 한 번도 부모를 모시고 가지를 않아요. 저는 괜찮지만 남편이 자식들을 기다리는 모습을 보면 괴로워요."

두 손을 얼굴에 갖다 대며 흐느낀다.

며칠 전에는 아들, 며느리, 손자를 모아놓고 "나는 평생 일본 여행을 한 번도 못 가보았다. 언제 한번 같이 가면 좋겠다." 그렇게 말해

봤어요.

혹시나 하고 자식들과의 여행을 기다리며 곰곰이 생각했다. 왜 그렇게 자식들을 위해 열심히 살았을까? 물론 보답을 바라고 그런 것은 아니다.

나는 그녀에게 말했다.

"큰아들과 함께 여행을 가지는 못할 것 같습니다. 큰아들이 어머니를 미워하는 게 아니고, 가난의 아픔이 어머니와의 관계를 방해하고 있습니다. 그렇게 어려운 시기를 잘 극복하도록 도와주신 분이 어머니이십니다. 그래서 지금은 얼마나 잘 살고 있잖아요. 여행을 같이 못 가시더라도 잘 사는 아들을 보시는 게 더 행복합니다. 어머니의 정성이 대단하십니다."

그녀는 아들이 좋은 직장에 다니고 넓은 집으로 이사했다는 소식을 들었을 땐 뛰면 하늘에 닿을 듯 기뻤던 마음이 떠올랐다.

그녀는 의자에서 일어나 면담실 밖으로 나가며 웃으며 말했다.

"아들 내외가 서로 잘 살면 제일 행복해요. 여행은 남편과 다녀오면 되지요."

나는 그녀의 헌신도 기다림도 끝이 있기를 희망했다.

이경한
부산 이경한정신건강의학과의원 원장
경북의대졸, 정신과 전문의
2013년 《에세이스트》 등단
2020 《에세이스트》 올해의 작품상 수상
golee21@naver.com

나 살아가는
이유가 되리라

임선영

　얼마 전 선배 아버지 백수(白壽) 기념 예배를 겸한 백수연에 다녀왔다. 아무리 수명이 길어졌다고 한들 백수를 맞이하는 것은 보통 귀한 일이 아니다. 같은 해에 태어나 20년 전 돌아가신 친정아버지를 뵙는 마음으로 연한 겨자색 울스웨터를 선물로 준비했다. 우렁찬 목소리로 성경 말씀을 낭독하시며 꼿꼿하게 서 계신 모습이 마치 한창 때의 힘찬 청년, 나의 아버지를 연상케 했다. 생전에 검소하게 사셨던 아버지는 큰딸이 철마다 장만해 주는 카디건, 점퍼는 늘 썩 마음에 들어 했다. 딸에 대한 무조건적인 신뢰 때문이었을까? 갑자기 돌아가신 후 눈에 익은 많은 옷을 정리하며, 선물을 받고 어린아이처럼 환한 웃음을 보이던 아버지가 떠올라 한동안 가슴이 먹먹했었다. 두 번의 큰 전쟁을 관통하며 동시대를 살아낸 많은 분처럼 함경남도가 고향인 아버지는 한국전쟁 당시 흥남철수작전의 도움으로 고향을 떠나온 후 여러 직업을 거치며 평생을 치열하게 사셨다.

내가 클리닉을 운영하는 삼십여 년 동안 수많은 영업사원이 지나갔다. 마음이 통하는 친구들과는 나의 아이들 같다는 생각에 세상 살아가는 이야기를 자주 나누었다. 그들은 내게 젊은이들과 소통의 창을 열어주었다. MZ세대의 사회를 보는 눈, 이성에 관한 견해, 영업의 어려움 그리고 급변하는 소셜 미디어 트렌드도 종종 대화 주제가 되었다. 나는 진료가 바쁘지만 않다면 나의 일터를 찾아오는 영업사원은 그냥 돌려보내지는 않았다. 아버지를 대한다는 자세로 늘 진심으로 맞이했다. 이건 내가 정한 인생의 규칙이었다. 만남이 한 번으로 끝나기도 하고 오랜 기간 관계를 지속하는 예도 있었다.

십 년 넘게 변함없이 나의 진료실을 방문한 친구가 있었다. 다부진 체격에 서글서글한 인상 붙임성 있는 태도 정말 마음에 들게 듬직했다. 젊은 날 나의 아버지가 생각나게 했다. 그가 어느 날은 학년 말 1등 성적표를 들고 온 아이처럼 발그레한 얼굴로 자신의 승진 소식을 전하기도 했다. 내가 오랫동안 지켜보아 왔지만, 조직 생활에서는 한결같은 integrity가 가장 큰 가치라며 당연한 귀결이라고 덕담했다. 그것은 미국대학 입학 시 자기소개서 평가 기준에서도 가장 으뜸이라고, 그런데 오랜 기간 잠깐잠깐 만나왔지만 네게도 그 덕목이 가장 두드러졌다고 말하자, 자기네 회사 사장님이 한 이야기와 어쩌면 이렇게 똑같으냐고 깜짝 놀란다. 그 회사의 승진 기준 중 가장 우선은 integrity와 progression이었다. 관계에 있어서 그런 기준은 진리라고 생각한다.

그는 결혼해서 첫아이를 갖게 되었을 때의 기쁨도 날 것으로 전해

주었다. 두 딸아이 크는 사진도 보여주고 작은 빌라이지만 운 좋게 강남에 집을 장만하게 된 경위도 머쓱한 듯 이야기한다. 늘 그러하듯 부모에게는 삶의 희망인 아이들 전인 교육을 위해 제주도로 내려간 가족과 주말부부를 하며 여가 시간엔 운동과 독서를 취미로 한다며 최근에 읽은 책 내용도 공유하곤 했다. 그가 나를 방문하는 이유는 약에 대한 설명이나 판매촉진 목적보다 그냥 사는 이야기를 하는 게 더 큰 목적이었을지도 모르겠다. 사실 나는 산부인과라 쓰는 약이 한정되어 있다. 나의 병원 문턱을 넘나든 지 12년째 되는 해였다. 그가 이번엔 승진에서 탈락하였다고 침통한 듯 이야기했다. "회사에서 나가라는 소리인가요?" 걱정스럽게 질문했다.

　속으로는 기업의 속성상 피라미드형 인사구조에서 가능한 일이기도 할 거라는 생각이 들었지만, 나는 그에게 엄근진(嚴謹眞)한 표정 대신 부드럽게 도광양회(韜光養晦)라는 사자성어를 들려주었다. 좌절하거나 실망하지 말고 오히려 자신을 낮추고 실력을 닦으면서 때를 기다려라. 또 다른 인생의 담금질이 될 거고 분명히 다음 기회가 있을 거라는 이야기를 전했다. 들어올 때의 어두운 표정과는 달리 안도의 표정이 역력했다. 이럴 땐 마음을 다독여 주는 게 최우선이다. 내가 인생 선배가 아니던가!

　한 달에 한 번 정도 방문해 내가 읽는 책 목록도 묻고 본인의 근황을 전한다. 나는 가끔 그를 위해 시집이나 수필집을 선사했다. 어느 날 그가 다녀간 지 얼마 안 되었는데 재차 방문했다. 그다음 해에 바로 회사에서 시행하는 해외 단기연수자로 뽑혔다고, 기쁜 소식을 먼저 전해드린다고 그리고 조심스레 의견을 묻는다. "가야 할까요?"

"주저하지 말고 떠나서 새로운 것을 받아들이세요." 썩 다행이다. 이 이후로도 여러 번 방문하여 의사, 제약사 영업사원을 떠나 인생 선후배로 우정을 쌓아갔다. 절대로 선을 넘는 법은 없었다. 그러던 그가 드디어 올해 초 완전히 서울을 떠났다. 전국에 몇 안 되는 지사장으로 불림을 받았으며 그동안 감사했다고 정중하게 인사를 해온다. 마음속으로는 흐뭇하고 기쁘면서도 한편으로는 허전하다. 젊은 날 아버지를 만나는 기쁨을 상실한듯했다. 그가 가버린 뒤 얼마 되지 않아 종달새같이 예쁜 목소리로 세상의 흐름을 전하던 그녀도 불쑥 속마음이 담긴 손 편지 한 장을 남긴 채 대기업으로 스카우트되어 떠났다.

"저의 멘토 임선영 원장님께 안녕하세요? 저 임OO입니다. 오늘 갑자기 마지막 인사를 드리게 되었어요. 그동안 참 원장님과 많은 대화를 하면서 세상을 배우기도 했고 마음의 문을 열고 받아주셔서 너무나 감사했던 기억이 떠오릅니다. 정말 딸처럼 함께 고민해 주시고 걱정과 응원해 주셔서 영업 활동하며 힘들었을 때도 큰 위로를 받았습니다."

반갑게 인사하는 새 후임자들에게 선뜻 정이 가지는 않지만, 인생에서 이별은 예정된 일이라지 않든가! 내가 사는 동안 한 사람에게라도 희망을 주었다면, 또 다른 길이 되었다면 그래서 조금 더 아름다운 세상이 되어가고 있다면. 나 살아가는 이유가 되리라. 마음속으로 가만가만히 되뇌어 본다.

임선영

임선영산부인과의원 원장
한국의사수필가협회 부회장.
2012년 《한국산문》 등단
저서: 수필집 《그들과의 동행》 공저 2015년
sylim17@hanmail.net

나는 어디로
가는가

김
인
호

　나에게 물어본다. 나의 삶은 어디로 갈 것인지. 일흔여섯의 나이에 갑자기 나타난 뇌혈전 증세. 멍하니 허공을 바라본다. 여기까지인가. 나는 기억 한다. 아픔과 슬픔을, 젊을 때 고민하던 사랑, 고독, 증오와 외로움을. 나는 감정과 이성을 갖고 있다.

　나는 이불을 걷어차고 혼자 일어나 본다. 역시 오른쪽 팔다리에 힘을 못 쓴다.

　왼손으로 받치고 겨우 일어나다 앞으로 푹 거꾸러진다. 그때의 내 모습을 보니 한심하고 서글프다. 아내 도움으로 세면대 거울 속의 나를 본다. 눈과 입꼬리가 한쪽으로 처져 있다. 낯설다. 마사지하며 자꾸 끌어 올린다. 오른쪽 어깨도 아래로 처진다. 완력기를 들어 서른 번을 한다.

　"걸어야지요. 오늘은 다리 밑까지 걷는 거예요." 아내가 앞장을 선다. 이렇게 나서면 40분을 걷고 또 왕복이다. "오른쪽 어깨! 의식적으로 자꾸 위로 올리세요. 가슴도 쫙 펴고 시야도 저 멀리 쳐다봐요." 길을 걷다 보면 점점 오른편으로 기운다.

우측은 북한강이 갈대숲과 함께 유유히 흐르고 그 물 위를 오리 떼가 줄지어 간다. 아내의 지적 사항은 여러 가지다. "걸음걸이 역시 우측 보폭을 넓게 떼고 엄지발가락에 힘을 주세요" 아내는 마치 조교처럼 시범을 보인다. "혀 운동을 해야지요" 나는 저항 없이 혀 운동과 큰소리로 어설픈 노래도 해 본다. 다리 밑까지 걸어와서 강을 보고 벤치에 앉는다. 여러 가지 상념들이 떠오른다. '이 봄이 지나면 가을을 맞이할 것이다. 그때쯤이면 정자세로 걸을 수 있을까. 보고픈 친구들과 담소도 즐길 수 있을까.'

이 북한강은 벌써 이십 오륙 년 전에도 변함없이 흐르고 있었는데 그때의 모습을 그린 글은 지금도 생생하다.

[북한강 변의 나날들]
침대 머리맡에 유리문이 있다. 자기 전 두꺼운 커튼을 치고 잠들었는데, 어느새 나도 모르게 커튼을 젖힌 채 방충망 사이로 스며 들어온 바람을 얼굴 가득 휘감으며 다시 잠들곤 한다. 새벽이 오면 침대 모서리의 "둥이" {슈나우저종 미니 사냥개} 가 나의 옆구리를 건드린다. 내가 돌아누우면 다시 돌아와 내 얼굴을 긴 혀로 핥는다. 둥이를 밀치고 실눈을 뜨면 저 너머에 펼쳐진 풍경, 한동안 바라보게 된다. 침대에 모로 누운 나의 시야에 펼쳐진 북한강은 옅은 물안개

가 덮여 동양화처럼 여유롭다. 잔잔히 흐르는 강물은 고요하기 이를 데 없다. 노적봉을 가운데 두고 양쪽으로 큰 봉우리를 이루는 유명산 자락이 있어 그 산 그림자가 강 이편까지 길게 드리워져 있고 강변 갈대는 새벽바람에 흔들린다. 집 앞 잔디밭 끝에는 허리 휜 노송이 고고한 자태를 드러내고 있다. 자라목 위로 깔린 데크 한 가운데 단풍나무가 자리 잡고 있는 그 가지에 촘촘한 잎사귀는 눈이 시도록 붉다. 비라도 내리는 새벽엔 빗소리와 더불어 물방울이 건반을 두드리는 피아니스트의 손놀림을 연상한다. 여름날 이른 새벽 강바람과 함께 침실을 적셔주는 산새 소리와 이슬 먹은 야생화 무리가 주는 신선함에 나도 모르게 활력을 느낀다. 잔디 깎는 기계는 단순하면서 편리하여 이슬 먹은 잔디의 무게로 힘이 부칠 땐 시동이 저절로 꺼진다. 독일 제품의 완벽함에 감탄한다. 땀에 흠뻑 젖어 바둑판처럼 손질된 잔디 위에 둥이를 풀어놓고 자귀나무 그늘 밑 바위에 걸터앉는다. 잔잔한 상류로 물결을 거슬러 오르는 물오리 떼 들의 새벽 나들이를 보면서 시원한 오렌지 주스 한잔을 마실 때 난 여름날 새벽 여유를 즐길 수 있는 행운에 감사한다. "얘 애비야! 자두가 너무 익었구나. 까치가 입 대기 전에 얼른 따야지…" 여든의 노모는 벌써 살구 자두나무를 점검하고 고구마 줄기와 고춧대를 세우신다. 정원 옆 텃밭 농사는 아내의 몫이다. 봄철과 초여름에 가장 일이 많다. 깨, 땅콩, 고추, 상추 등을 모종으로 심은 후 열심히 가꾼다. "여보! 농사를 짓는 게 아니니 대충 하구려." 아내는 벌써 농사꾼이 되어 가고 있었다. 지하 화실에서 농사로 바뀌는 과정엔 특별한 사정이 있는 게 아니고 흙이 있어 씨를 뿌리고 물을 주고 자고 나면 움이 트고 싹이 오르는 자연의 생명체를 보게 된 것이다. 도심지에서는 상상도 못 할 일이었다. 이곳에 집을 짓고 초기에는 꽃을 옮겨 심으면서 바람과 음악으로 대화하고 강과 산, 태양과의 하모니 속에 여유를 즐겼으나 어느새 농가의 아낙으로 변하는 것 같았다.

정원을 둘러싼 소나무 아래 야간 조명을 켜고 '옛 동산에 올라' '얼굴' 등 가곡 바이올린 선율이 스피커로 흘러나오면 강물은 어느새 가을 냄새로 짙어진다. 대빗자루로 낙엽을 긁어모아 장미밭 아래에 덮는다. 정적을 감싸 안은 하늘은 은하수로 가득 수 놓아 유리알 같으며 스미는 바람의 향기는 쌓이고 쌓였던 혼탁함을 강물 위로 날려 보내 주기도 한다. "애비야! 밤이슬 맞지 말고 어서 들어오너라. 오늘 저녁은 된장에 호박전으로 먹어야겠구나" 팔순 어머니의 목소리가 가을 이슬처럼 맑고 상냥하다. 내일 새벽엔 아내와 갈대숲을 달리기로 하자. {2001년 10월}

집 안 거실에 매트를 깐다. 유리문 건너편은 예나 지금이나 변함없이 북한강 너머 산자락 잔디 위 늙은 소나무는 그대로인데….

십 분 시작한다. 마무리 스트레칭은 뺄 수 없다.

이러다 보면 내년 이때 쯤이면 이십 년 전의 생활로 조금은 다가가 있으리라.

그러나 세월은 어쩌랴!

2023년 10월 북한강 자락에서...

김인호

《수필과 비평》(2012년) 등단
의협 의사시니어클럽 운영위원장, 한국의사수필가협회 고문
수필집 《그리움도 저마다 무늬가 다르다》
drkimih2@naver.com

나의 삼일절

권
경
자

　일백하고도 네 번째 삼일절이다. 오후에 아파트 뒷길로 산책을 나섰다. 그런데 큰길까지 나가는 동안 세 동의 건물이 있는데 그중에 태극기를 달았던 집은 네 곳뿐이었다. 수년 전부터 태극기를 거는 집이 차츰 줄어드는가 싶더니 오늘은 겨우 네 집이다. 이래도 되는 건가? 문제의식이 일어났다. 대한민국국기법에 따라 국경일에는 국기를 게양해야 한다고 되어있는데 국민 대다수가 게양의 의무를 잊은 건 아닌지 걱정되었다. 나는 국경일에 반드시 태극기를 달아야만 하는 날로 명심하여, 잊지 않고 손수 경건한 마음으로 달고 있다. 바람에 나부끼는 태극기 모습을 보면 무언가 아리면서도 흐뭇함을 느끼면서 자랑스럽다.
　부친께서는 독립만세운동(1919년)이 일어나던 해에 안동에서 9남매의 장남으로 태어나셨다. 늘 굶주림 속에 배는 고팠고 나무지게를

메고 일만 하였다고 들었다. 17세 때 바로 밑의 동생과 둘이 자발적으로 일본으로 건너갔는데, 나머지 동생들도 데리고 가고 싶었지만 나이가 어린지라 겁을 먹고 따라가지 않았다. 아버지 26세 때 광복을 맞고, 31세 되던 해에 19세 어머니와 결혼하여 이듬해 내가 태어났다.

아버지는 다른 재일교포보다는 일찍 삶의 터를 잡았고 내가 태어날 때는 이미 개인주택을 소유하고 있었다. 어릴 때 기억으로는 엿을 만든 커다란 까만 가마솥이 제법 큰 넓은 땅에 있었다. 아버지는 엿 공장부터 시작하여 수년 후 잠시 프레스 공장을 하셨다. 프레스 가공 가열 시 나오는 비닐 냄새가 아직도 코끝에 남아있다. 그 후 펄프 공장을 오랫동안 운영하셨다. 원목 껍질을 벗기고 나무토막을 만들어 전기톱으로 잘게 썰어 얇게 만든 나무 조각을 큰 기업 (다이쇼와 제지 주식회사)에 납부하고 있었다. 한번은 온 가족이 치바현에서 멀리 도쿄에 있는 고라쿠엔 야구장에 가서 이 기업 야구단을 목청껏 응원한 적도 있었다. 그 야구장 광경이 지금도 눈에 선하다. 아버지 왼손 검지손가락 3분의 1은 없다. 전기톱으로 나무를 자를 때 떨어져 나갔기 때문이다. 이 사고를 당했을 때 아프다 소리 한마디 하지 않으셨다고 나중에 어머니에게 들었다. 아버지는 늘 사장님이셨고 고용인은 모두 일본인이었다.

아버지가 엿 공장을 경영하고 있었을 때 일이었는데 아주 선명하게 지금까지 기억하고 있는 짜릿한 경험담을 풀어놓는다. 다섯 살 때쯤 길에서 혼자 놀고 있었는데 "오죠쌍, 요 근처에 엿을 만들고 있는 집이 있는데 어딘가 아세요?" 나는 숙녀를 부를 때 쓰는 최고 존

대의 말, '오죠쌍'이란 말을 듣고 놀라면서도 기분이 좋아 좀 상기한 표정으로 그분을 똑바로 봤다. 키가 크고 호리호리하고 베이지색 바바리코트를 차려입은 신사였다. 나중에 들었는데, 이분이 롯데 재벌 신격호 총수였고 그의 30대 중반 모습이었다.

"아! 우리 집이에요." 하고 아버지에게 안내해 드렸다. 그 후 아버지는 경자가 신격호를 데리고 와 기특하다고 자주 말씀하셨다. 그분은 그 시절 우리 집에서 엿을 사 가지고 가서 껌을 만들고 있었단다. 그때는 경제력이 아주 미약했던 모양이다. 한 대씩 외상으로 가져갔다고 했다. 형편이 나아짐에 따라 한 말씩 현금으로 지불했다고 하셨다. 이거야말로 작은 밀알이 큰 뜻을 이루었다 해도 과언이 아니다.

그런 아버지 덕분에 나의 유년 시절은 유복하였고 안정적으로 교육을 받을 수가 있었고 후일에 의사가 될 수가 있었다.

초등학교 고학년 때 아버지가 이렇게 말씀하셨다. "참, 우리집 애들은 이상하다. 몇 번이나 밥을 먹으라고 불러도 바로 오질 않아, 내 어릴 때는 미리 밥상에 앉아있지 않으면 동생들이 다 먹어버리고 내 입에 들어올 밥이 없었는데…" 내가 2층에서 공부를 하고 있으면 아버지가 부르시자마자 바로 내려가지 못할 때가 종종 있었다. 지금 생각하면 아버지와 시간을 맞춰서 식사를 하고 아버지 마음을 편하게 해드리지 못한 것이 후회스럽다. 아버지는 식구가 식탁에 앉으면 반드시 우리말로 기도를 올렸다. 조국에 계신 부모 형제 동포 여러분으로 시작하여 양식과 건강을 주시는 하나님께 감사하며 항상 마지막 구절은 '간절히, 간절히 기도를 드리옵니다'로 끝냈다. 철이 안 든 나는 매번 똑같은 말씀을 하신다고 지겨웠지만 아버지 진심이 담긴 기도였다.

할아버지와 할머니는 교회에서 만났다. 할머니는 어린이들에게 성경 공부를 가르치는 선생님이었고, 아버지는 일본으로 건너가실 때 성경책 하나만 들고 가셨다. 탄광에서 고된 생활도 하였다. 못 견디고 도망가는 사람도 있었지만 아버지는 하루에 주먹밥 몇 개라도 안동의 삶보다는 낫다고 견뎌내었다. 아버지는 일제 시절에 어떻게 살아오셨는지 거의 말씀을 하지 않았지만 아버지께서 직접 들었던 유일한 일화가 있다. 탄광에서 일하고 있었을 때 아버지가 갱도에 들어가는 차례였는데 뒤에 있는 한국인이 자기가 먼저 들어간다고 새치기를 하였다. 아버지는 분해서 양손 주먹을 꽉 쥐고 참았는데 그 사람이 들어간 지 얼마 안 되어 폭발 사고가 나서 그는 목숨을 잃었다. 그의 시신을 아버지가 거두고 수습하였다. 아버지는 그 자리에서 무릎을 꿇고 하나님이 도와주셨다고 감사기도를 올렸다. 나는 이 이야기가 너무나 충격적이고 평생 뇌리에 박혀있었다. 그래서인지 살아오면서 억지로 자리를 탐내는 일을 하지 않았고 욕심을 덜 가지려고 노력하였다.

나는 아버지를 통해서 나라를 잃은 백성의 한을 뼈저리게 느끼고 살아왔다. 그래서 5대 국경일 중에서도 나에게는 삼일절이 특별하다. 국권 회복을 위해 민족자존의 기치를 드높였던 선열들의 위업을 기리고 3.1 독립운동의 정신을 계승하는 것이야말로 후세들의 도리라고 생각한다. 어린 시절 나름 힘들 때마다 조국의 어린이들은 나보다 더 고생하고 있겠다는 생각을 하면서 마음을 강하게 먹었다. 일본 애들에게 절대로 지지 않겠다는 생각을 수시로 했다.

앞으로도 해마다 삼일절 태극기를 달면서 우리의 역사를 되새기며 더욱더 힘찬 나라를 만들기 위해 일조하고 싶다. 대한민국, 영원히 만만세!

권경자

권경자 산부인과의원 원장
일본 도호대학 의학부 및 대학원 졸업
2006년 《에세이스트》 등단
수필집 《1엔 그리고 1원》
부산의사 문우회 회원, 천년약속 회원
d-kwon@hanmail.net

凌霄花능소화,
그 문학적 형상화들

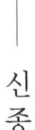

신종찬

여름 햇볕에 달아오른 담벼락을 힘차게 올라 더없이 화사한 황금빛 꽃들을 피운다. 무더위를 아랑곳하지 않고 하늘로 솟아 꽃을 피우는 그 용기는 대체 어디서 왔을까? 다섯 개의 도톰한 꽃잎은 익을 대로 익어 농염한 젊은 여인의 주황빛 입술 같다. 마치 서부영화 「돌아오지 않는 강(River of No Return)」에서 주제가를 멋지게 부르는 세기의 女優여우 마릴린 먼로의 입술처럼 보인다. 트럼펫 모양 꽃들에서 영화 제목과 동명인 주제가가 울려 퍼질 것만 같다. 그것도 약간 허스키하여 더 농염한 먼로의 황금빛 목소리처럼….

이런 멋진 모습을 능소화의 고향인 옛 중국의 『詩經시경』에 두 번이나 시로 형상화되어 있다. 능소화의 옛 이름은 苕초였다. 먼저 「小雅소아」 편을 보자.

초지화 운기황의(苕之華 芸其黃矣)

능소화, 그 꽃잎들 촘촘하게 붉고 붉어라.

심지우의 유기상의(心之憂矣 維其傷矣)

마음이 괴롭구나! 참으로 슬프도다!

초지화 기엽청청(苕之華 其葉靑靑)

능소화, 그 잎들이 푸르고 푸르도다.

지아여차 불여무생(知我如此 不如無生)

내 이럴 줄 알았다면 태어나지 않았으리.

또한 『시경』 「陣風진풍」 편에서는 "방축 위에 까치집(방유작소防有鵲巢), 언덕 위 향기로운 능소화(공유지초邛有旨苕), 누가 내 여인 꾀여내어(수주여미誰侜予美), 어찌 내 마음 시름겹게 하나(심언도도心焉忉忉)"라고 노래하며, 능소화가 여인을 홀려 꾀여낼 만큼 농염하다 하고 있다.

역사소설 『능소화(4백 년 전에 부친 편지)/조두진』에서도 능소화는 하늘나라에서 선녀를 유혹하였고, 선녀는 능소화를 훔쳐 지상으로 도피하였다. 八目修羅팔목수라는 옥황상제의 명을 받고 하늘에서 소화꽃을 훔쳐 달아난 여인을 찾아 지상으로 내려왔다. 여늬가 바로 그 여인이었다. 여인은 경상도 안동 땅에서 軒軒丈夫헌헌장부 고성(固城) 이씨(李氏) 이응태(李應台, 1556~1586)와 혼인하고 몸을 깊이 숨겼다. 그러나 결국 괴물 팔목수라에게 발각되어 남편과 자식까지 먼저 잃고 자신도 불행한 생을 마감하고 만다.

서른한 살에 먼저 간 남편에게 여늬는 머리카락을 잘라 미투리를 삼고 편지를 써서(1586년) 관 속에 함께 묻었다. 4백여 년이 더 지난 후(1998년) 택지개발 중에 우연히 발굴되었을 때도, 다른 것은 삭아 없어졌으나 이 미투리와 한글 편지만은 온전하였다.

"당신은 언제나 제게 둘이 흰머리가 되게 살다가 함께 죽자고 했습니다. 그런데 어찌 저를 두고 당신이 먼저 가십니까? 저와 어린아이는 누구 말을 듣고, 누굴 의지하며 살라고 먼저 가십니까? 당신, 저에게 어떻게 마음을 가져오셨나요. 나는 당신에게 어떻게 마음을 가져왔나요? 함께 누우면 나는 당신에게 말하고 했지요. 다른 사람들도 우리처럼 어여삐 여기며 사랑할까요? 남들도 정말 우리 같을까요? 당신은 우리가 나눈 이야기를 잊으셨나요? 그런 일을 잊지 않으셨다면 어찌 저를 두고 가시는가요?"

남편에게 하고픈 말은 끝이 없었지만 좁은 편지에는 더 이상 쓸 곳도 없었다. 여늬는 편지를 옆으로 돌려 여백을 채워갔다. 한껏 불러온 배 안에서 아기가 발길질하니 더욱 서러움이 북받쳤다.

"이내 편지 보시고 제 꿈에 와서 상세히 설명해 주세요. 어째서 그토록 서둘러 가셨는지요? 어디로 가고 계시는지요? 우리는 헤어지지 않을 것이라고 하셨지요? 어떤 운명도 우리를 갈라놓을 수 없을 거라 하셨지요? 우리 함께 죽어 몸이 썩더라도 헤어지지 않을 거라 하셨지요? 저는 그 말씀을 잊지 않았습니다. 이렇게 편지를 써서 넣어드립니다. 당신, 제 꿈에 와서 우리 약속 잊지 않았다고 말씀해 주세요. 어디 계신지, 우리가 다시 언제 만날지 자세히 말씀해주세요. 당신 배 속 자식 낳으면 보고 말할 게 있다고 하셨지요. 그렇게 가시니 배 속 자식 낳으면 누구를 아버지라 하라는 것인지요? 아무리 한들 제 마음 같겠습니까? 이런 슬픈 일이 하늘 아래 있겠습니까?"

능소화를 한자로 풀이하면 '하늘을 능멸하는 꽃'이란 뜻이다. 옛날에는 평민들은 함부로 키우지 못했고 궁궐이나 권세가들이 키우는 양반들의 꽃이었다. 과거급제하면 꽂았다 하여 '御史花어사화'라고도 하며 이로 연유된 꽃말은 '명예'다. 옛날 임금의 성은을 한 번 입은 '소화'라는 궁녀가, 다시 찾아오지 않는 임금을 그리워하며 담장을 서성이다 죽었고, 담장 밑에 묻혀 임금을 기다리겠다는 유언에 따라 담장 밑에 묻었는데, 그 자리에서 핀 꽃이라 하여 궁녀 이름을 따서 '소화'라 불리었다고도 한다. 이로 연유된 꽃말은 '그리움'이다. 꾸며낸 얘기겠지만 능소화는 기다려도 오지 않는 임을 간절히 그리워하는 꽃으로 艶情염정 역사소설 『어우동』 등 문학작품들에 등장한다. '기생꽃'이란 별칭도 있는데 이는 지는 순간까지도 화려한 모양과 자태를 유지하기 때문에 기생의 貞操정조에 빗대어 생긴 이름일 성싶다.

능소화가 피면 여름에 접어들고 장마가 온다고 했다. 능소화는 한 번 피기 시작하면 그칠 줄 모른다. 날마다 새로 펴서 늘 새로운 꽃만 펴 있는 것처럼 보인다. 그러나 능소화 덩굴 밑을 보면 그 처연함이 놀라지 않을 수 없다. 시들지도 않은 생생한 젊은 꽃들이 떨어져 있다. 그래서 능소화는 늘 젊고 늙지 않는 꽃이라 한다. 역사소설 『능소화』에서도 능소화를 청춘에 요절한 주인공의 남편을 형상화하기 위한 '객관적 상관물'로 삼았다. 만발한 능소화 아래서 '원이엄마'의 편지를 떠올려본다. 화사하고 고결하며 화려한 능소화꽃들 앞에서, 지금 나도 이응태의 短命단명함을 받아들이기 무척 버겁다. "누가 날 꼬여내어 세상에 왔는지 모르지만, 내 이럴 줄 알았다면 태어나지 않았으리"라는 『시경』 구절에서 헤어나지 못한다.

신종찬

2010년 수필전문지 《에세이플러스》 수필가 등단
2020년 시전문지 《예술가》 공모전으로 시인 등단, 의학박사 소아청소년과전문의
2012년 계간문예 문학상 수필부문 수상, 2009년 청년의사신문 수필공모전 대상수상,
한미수필문학상, 보령수필문학상, 한국해양수필문학상 등 12회 수상
저서: 《서울의 시골의사》《안동 까치구멍집으로 가는 길》《신종찬의 글쓰기틀(2017)》, 《나무들과 손잡고 인문학(2023)》
asjc74dr@naver.com

2023 한국의사수필가협회 공동수필 제 15집

별을 위한 시간

듀산베 추억

마지막 소원

먹고 죽은 귀신이 때깔도 좋다고?

문화선택의 고민은 그대 몫이요

바둑 도전

마지막 소원

듀산베 추억

이종규

　지난 9월 16~17일 이틀 동안 주타지키스탄 대한민국 대사관에서는 우리 기업인들의 활동과 진출을 위한 '한국-타지키스탄 축제'를 개최하였다. 유라시아 협회는 주관단체로 적극 참여하였고 의료진도 오랜만에 의료봉사의 한 축을 담당하게 되었다.
　듀산베는 타지키스탄의 수도이다. 지금은 너무도 많이 발전된 모습에 놀라움을 금치 못한다. 아프간 전쟁 당시 미군의 폭격은 무시무시한 두려움과 공포였다. 폭격을 피해 난민들은 타지키스탄에 바로 인접한 '판지'란 곳으로 몰려들었다. 코카서스산맥을 넘어오는 혹독한 겨울바람은 또 다른 위협이었다. 전 세계의 이목이 쏠렸고 굶주림과 추위로 고통받는 아프간 난민촌의 실상이 실시간으로 보도되고 전쟁의 참혹함이 가감 없이 방영되기도 했다. 멀리 만년설로

덮인 톈산산맥으로부터 가늘게 포 소리가 들려오기도 했다. 으스름한 어둠 속은 이따금 희미하게 섬광이 번뜩이기도 했다. 진종일 비는 끊임없이 내리고 을씨년스럽기만 해서 난민촌 진료는 열악하기만 했다.

한국의 모 선교단체에서 일하는 동기생에게서 연락받고 나는 주저하지 않고 대답했다. 그리고 그건 바로 난민촌으로 파견되는 대한민국 최초의 의사로 기록되었다. 타슈켄트를 거쳐 우즈베키스탄으로 입국했을 때는 아프간 입국 비자를 얻을 수 없었다. 전쟁으로 인한 여러 가지 변수로 하루하루를 예상할 수가 없었다. 그때 미국 대사관에서 연락이 왔다. 목적지까지의 모든 통행을 보장하고 편리를 제공하는 대신 대사관에서 필요한 일을 도와주었으면 좋겠다는 전갈이다. 우리 팀은 아랄해 인근의 무이낙으로 이동했고 여기서 10일간 현지인들을 진료했다. 이후 타지키스탄의 호잔을 거쳐 듀샨베로 첫발을 디뎠다. 그리고 하루하루의 변화를 보면서 국경을 넘나들며 난민촌 진료를 했다. 러시아 국경 수비대는 아침저녁으로 의료진을 에스코트했다. 듀샨베에 머무는 동안 우리 팀은 쉬지 않고 또 다른 진료에 전념했다. 다행스럽게도 모든 의약품은 NGO 단체에서 공급해 주기로 해서 부담이 많이 해소되었다. 미리 파견된 선교사는 교회 내에 임시 진료실을 설치해 주었다. 진료실이 세팅되면 으레 300여 명 이상의 환자를 돌보아야만 했다. 언어가 통하지 않는 진료 현장에서 귀를 의심하는 아주 또렷한 "안녕하세요?" 소리에 깜짝 놀라서 주변을 살폈다. 그리고 생글생글 웃는 아랍 특유의 파란 눈동자의 아가씨가 눈에 띄었다. 병력과 진찰 결과 좌측 전방십자인대와 연골이 파열되어 걸음걸이가 온전치가 못했다. 22살 타지키스탄 태권도 밴텀급 국가 대표선수로 제주에서 열린 세계 태권도 챔피언 대회에 참석했다가 애석하게 탈락하며 얻은 부상으로 불구가 될 수 있었던 상황이었다. 제보라고 했다. 제보를 처음 알게 된 순간은 이랬다. 이후 우리 팀은 듀산베 진료와 아프간 국경을 넘나들며 난민촌 진료를 했다. 2개월간 체류했지만, 실제 진료 현장에 투입된 경우는 몇 차례 없었다. 매일 매일의 사정에 따라서 국경이 폐쇄되는 경우가 더 많아서 때로는 지루하게 며칠씩 보내기도 했다. 2개월 후 귀국한 나는 바로 모 대학병원에서 근무하는 선배를 찾아뵙고 자초지종을 말씀드리고 도움을 요청했다. 사랑의 교통봉사대도 호응해 주었다. 모두 준비되었을 때 제보를 초청했다. 그리고 일사천리로 일을 진행 시켰다. 무릎 수술 이후 한 달간의 회복 기간을 거쳐 제보는 타지키스탄의 고향으로 돌아갔다. 벌써 스물두 해 전의 일이다.

그리고 오늘, 다시 듀산베에 발을 디뎠다. 한국 타지키스탄 축제의 의료팀으로. 듀샨베로 오기 전 타지키스탄 태권도 협회장에게 편지를 보냈다. 그때의 그 태권도 국가대표 선수를 만나 볼 수 있도록 연결해 주기를 부탁하면서. 며칠 후 의외로 뜻밖의 전갈을 받았다. 지금은 수단의 UN 기구에서 근무하고 있다고 했다. 제보는 email로 사진 몇 장과 소식을 전해 왔다. 여전히 뉴질랜드에 거주하는 줄 알고 전화번호부를 모두 뒤져보았다고 했다. 체념하고 있을 때 태권도 부회장으로부터 연락받았다며 소식을 전해 왔다. 이런 희열을 느낄 수 있다니! 비록 메일이지만 제보는 비교적 소상하게 소식을 전해왔다. 페루 남자와 결혼했고 딸이 하나 있고. 다리는 활동하는 데

전혀 무리가 없어 30km 마라톤도 세 차례나 완주하고 등산도 자주 다닌다며 사진을 첨부했다. 다시 환자와 의사로서 만날 수 있는 아주 좋은 기회였지만. 오늘 타지키스탄 임무를 성공적으로 마무리하고 귀국 길에 올랐다. 비록 제보를 만나지는 못했지만, 다음 기회를 위해 남겨두라는 뜻으로 받아들여야겠다. 불현듯 피천득 선생님의 수필 "인연"이 생각난다. 항상 좋았던 기억만을 간직하는 게 더 현명할지도 모르겠다. 그래도 이번 기회에 만나 보았으면 하는 아쉬움으로 출국 비행기에 오르면서도 자꾸만 뒤를 돌아보게 된다.

이종규

연세대의과대학졸업 의학박사. 가정의 전문의
계간 《에세이 문예》로 등단(2008년)
한국의사수필가협회 정회원
보령수필문학상 수상
한국에세이문학상 수상(2012년)
저서: 《일차진료와 여행의학》
zl3jkl@hanmail.net

마지막 소원

박관석

"소원이 하나 있는데 들어줄 수 있을까요?"

가쁜 숨을 몰아쉬는 환자는 병실을 나가던 내 손을 꼭 잡았다. 검고 거친 피부, 움푹 파인 볼과 앙상한 손가락 그리고 주위를 떠도는 오래된 냄새가 곧 다가올 할아버지의 죽음을 암시해 주는 듯했다. 마지막을 향해 쏜살같이 지나가던 시간도 잠시 멈춘 그 순간, 간절한 염원을 담은 그분의 새까만 눈동자만이 반짝이며 빛나고 있었다.

2차 병원의 내과 의사로 20년 넘게 근무하다 보니 죽음을 앞둔 환자들의 유언 같은 소원을 자주 듣곤 한다. 보통의 그것은 낯선 곳으로의 여행이나 하지 못했던 일에 대한 소망, 맛보지 못한 음식에 대한 갈망 등 우리가 흔히 예상할 수 있는 버킷리스트 같은 것들이기도, 또는 가족들과의 아침 식사, 매일 지겹게 출근하던 직장으로의 복귀, 소소한 일상의 회복과 그리고 보고 싶은 사람에 대한 그리움이었다. 아마 죽음의 순간을 마주한다면 내 소원도 그중 하나일 것이다. 그러기에 할아버지가 말하는 소원도 별반 다르지 않게 그 언저리 어디쯤인가에 있으리라 추측했다. 하지만 내 예상은 한참이나 빗나가고 말았다.

소원이란 말을 막상 꺼냈지만, 할아버지는 주저하고 있었다. 격자무늬의 병실 천장을 응시하던 그분의 눈이 다시 내 눈으로 돌아오는 데는 한참의 시간이 걸렸다. 어쩌면 말기 담도암이 폐에까지 전이되고 또 흉수가 차 거친 숨을 고르기 위해서였을지도 모르겠다. 부탁이 무엇인지 가능하면 들어드리겠다는 내 말에, 마디숨을 내쉬던 그는 전혀 예상치 못한 마지막 소원을 말하기 시작했다.

"실은 제가 어렸을 때 철부지 짓을 좀 했습니다. 당시 친구들과 어울려 등에 작은 문신을 새긴 적이 있는데 그걸 지우고 싶어요."

좀 더 오래 살고 싶다는, 그도 아니면 편한 죽음으로 가는 길에 대한 욕망도 아닌 그저 몸에 새긴 작은 문신을 지우고 싶다니, 무언가 사연이 있을 듯하여 궁금증이 일었다.

"왜 진즉에 지우지 않고 이제와서야 그걸…?"

"그동안은 제 삶이 너무 고달팠습니다. 문신을 떠올리지도 못할 정도로. 그런데 생각해 보니 제가 죽고 나면 염(殮)을 할 텐데 문신이 맘에 걸려요. 제 딸한테는 못났던 아빠의 과거를 보이고 싶지 않아서 이렇게 부탁을 드리는 겁니다."

치부를 드러내고 싶지 않은 심정은 충분히 공감이 갔지만 난 고개를 가로저을 수밖엔 없었다. 거동도 어렵고 호흡이 어려운 상태에서 피부 시술을 위해 병원 밖으로 나가는 건 불가능하기 때문이었다. 그 후 할아버지께선 막무가내로 고집을 피우셨고 식사마저 거부하는 사태까지 벌어졌다.

"법 없이도 사셨던 분이 그깟 문신이 무슨 대수라고. 어휴! 몸 상하기 전에 얼른 식사 좀 하세요."

애타는 할머니의 끈질긴 설득과 간호사들의 달램으로 다행히 그분은 며칠 만에 고집을 꺾으셨지만 그래도 회진 때면 늘 내게 애처로운 눈빛을 보내곤 했다.

그런 일이 있은 지 얼마 후, 할아버지께선 등 쪽에 심한 통증을 호소하는 일이 생겼다. 오랜 침상 생활로 생긴 욕창 때문이었다. 치료를 위해 어쩔 수 없이 엎드리게 한 후 등을 보게 되었다. 그때 내 눈에 들어온 것은 할아버지께서 그토록 지우기를 열망하던 어떤 문신이나 젊은 날의 잘못에 대한 표식은 아니었다. 오랜 시간 반복적으로 긁히고 헤어진 상처 위에 덧대어 생긴 마치 노을을 닮은 붉고 두꺼워진 피부뿐. 하루도 쉬지 않고, 오랜 세월 묵묵히 생계를 책임지기 위해 짐을 지고 나른 탓에 그곳엔 아버지로서의 무게만이 고스란히 새겨져 있었다. 난 그분의 등을 스마트폰으로 찍어 보여 드렸다. 그러자 말없이 사진을 보던 그분은 빙그레 웃음을 띠셨고, 며칠 후 편안히 눈을 감으셨다. 50년이 넘도록 자신과의 선한 싸움을 싸운 할아버지, 과거를 되돌릴 순 없었지만 반복하지 않기 위해 노력해 온 그분의 삶이 진한 여운을 남기는 밤이었다.

집으로 돌아오는 동안 나도 그간의 살아온 삶을 되돌아보게 되었다. 분명 내가 걸어온 길 위에는 화려한 꽃들도, 잘 자란 나무들도 그리고 예쁘게 꾸며진 조형물들도 많이 보였다. 하지만 군데군데 어두운 그림자가 드리워진 응달엔 마주하고 싶지 않은 할아버지의 문신과 같은 것이 숨겨져 있었다. 아주 오랜 것과 새로 생긴 것들이.

내 삶의 길이 계속 이어지는 동안 내겐 얼마나 더 많은, 감추고 싶은 문신들이 만들어질까? 조금씩 지워나가는 노력을 하고 있기는 한 걸까? 마주할 용기조차 내지 못하고 있는 건 아닌지.

할아버지에 대한 진한 여운이 사라지기 전에, 난 과거에 대한 후회로 점철된 길을 가거나, 어쩔 수 없었다고 변명하며 감추기에 급급한 대신 내 안의 또 다른 나와 치열한 싸움의 길을 선택해야겠다. 힘겨운 싸움으로 생긴 상처와 딱지들로 잘못 새겨진 문신들이 가려질 만큼의 시간을 보내야겠다. 그리고 누구도 피할 수 없는 그 길의 끝에 섰을 때 뒤를 돌아보며 웃을 수 있는 그런 내가 되길 소원한다.

어느덧 내가 향한 길 위엔 어스름한 산 그림자가 드리워지기 시작했다. 가을은 제법 이른 저녁이 온다. 노을이 서서히 내려앉은 그 길 위엔 오래전 할아버지의 등에서 보았던 검붉은 세월의 흔적이 또렷이 새겨지고 있었다.

박관석

신제일병원 원장, 내과 전문의
한국 수필 문학진흥회 이사, 에세이문학 문인협회 회원
2015년 《에세이문학》 등단
보령수필문학상, 한미수필문학상, 생활문예대상 수상
drpks@hanmail.net

먹고 죽은 귀신이
때깔도 좋다고?

안인순

"뭐 먹을까요?"

"아무거나요."

"추어탕 어때요?"

"그건 좀."

"설렁탕은요?"

"그것도 좀."

"그럼 만두국 먹을까요?"

퇴근하며 남편이 묻고 내가 답한다.

일식집 가실래요? 한정식은요? 스테이크 집 어때요?

가끔은 내가 묻고 남편이 침묵한다.

함께 퇴근할 때면 둘이 저녁을 해결하는 일이 쉽지가 않다. 남편은 간단히 먹자 하고, 먹는 욕심이 많은 나는 가짓수가 많고 푸짐한 음식을 고집한다. 가끔은 집에 도착할 때까지 메뉴의 접점을 찾지 못해 결국 집에 와서 대충 챙겨 먹을 때도 있다.

　남보다 우월한 식탐 덕분에 좋은 일도 있었다. 첫 직장에서 점심에 선배들과 함께 도시락을 먹곤 했을 때의 일이다. 나로선 남이 싸온 반찬을 욕심껏 먹었을 뿐인데 선배들은 내게 호의를 베풀었다. 요리가 취미인 선배는 날마다 새로운 음식을 싸와서 나를 감동시켰고, 가끔 그 선배 집에 초대를 받아 근사한 코스요리를 대접받기도 했다. 결혼을 앞두고 시댁에 인사하러 갔을 때에도, 음식을 장만한 형님들은 "어쩜 그리 잘 먹느냐"며 처음 보는 내게 호감을 보였다. 음식으로 이어진 그 끈끈함 덕분이었는지 큰 형님은 갖가지 반찬을 장만해서 한동안 신혼집 냉장고를 채워주셨다. 즐거운 마음으로 맛있게 먹기만 했는데 먹을 복이 저절로 굴러 들어왔다.

　결혼을 하면서 '먹는 즐거움'에 적신호가 켜졌다. 먹는 것을 꺼리는 남편과 함께 살게 되면서 뭐든 맛있게 먹을 기회가 줄어들었다. 남편은 음식을 먹으면 소화가 안 돼 속이 거북하다며 음식을 멀리했고, 생존을 위해 최소한의 식사를 했다. 먹는 것에 관심이 없는 남편은 내가 요리를 하는 것도 그리 달가워하지 않았다. 신혼 초에 정성스레 잡채를 만들어 내놓았더니, 요리하는데 쓰는 에너지를 다른 곳에 써 보라며 시큰둥한 반응을 보였다. 자연스럽게 요리할 기회는 줄어갔고 외식이 잦아졌지만, 서로 다른 식성 때문에 좋아하는 음식을 맘껏 먹을 수가 없었다. 여행을 할 때면 남편은 두 끼 정도만 먹자고 했고, 음식 대신 하루 한 알씩 먹는 캡슐이 개발되면 여행할 때 얼마나 편하겠냐고 말했다. 나의 왕성한 식욕을 충족시킬 방법이 필요했다. 남편이 저녁 약속이 있는 날이면 혼자서 좋아하는 음식점을 찾았다. 요즘 유행하는 이른바 '혼밥족'에 일찍 입문했다. 처음엔 혼자 먹는 게 어색해서 좋아하는 냉면이나 스시를 간단히 먹곤 했는데 점차 혼자 가는 게 익숙하고 능숙해져서 음식 영역을 넓혀갔다. 가끔 양식당에 들어가 세트 메뉴를 즐겼고 뷔페식당에서 다양한 음식을 섭렵했다.

시간이 흘러 아이들이 태어나고 성장하면서 아이들 위주로 메뉴가 달라져서 한동안 편했지만 남편은 변함없이 조금 먹었다. 결혼한 지 10년 정도 되었을 때 남편은 평소보다 더 소화가 안 된다며 불안해했다. 위내시경 검사를 예약했고 나도 검사를 해본 지 오래라 같이 위내시경을 받았다. 결과를 듣기 위해 남편과 함께 진료실에 들어가니 컴퓨터 화면에 두 개의 영상이 반쪽씩 사이좋게 떠 있었다. 화면을 보던 의사가 먼저 나에게 "소화가 안 돼 힘들지 않으세요?"라고 물었다. "아니요, 소화가 안 되는 사람은 옆에 있는 분인데요…"라며 내가 남편을 바라봤다. 의사는 마우스를 움직여 조그만 붉은 점들을 가리키며 내게 '위축성 위염'이 있다고 말했다. 반대쪽 화면 속 남편의 위는 지극히 정상이었다. 자세히 보니 남편의 위 점막은 선홍색으로 반질반질 빛나며 갓 태어난 아기 피부 같았다. 반면 그 옆의 내 위는 노화가 진행되어 주름이 잡혀가고 있었다. 두 화면이 확연히 달랐다. 염증을 치료해야 한다고 해서 2주일 치 위염약을 처방받았다. "남보다 먹는 것을 좋아해서 열심히 먹었을 뿐인데." 라고 투덜대는 내게 남편이 안 됐다는 듯 살며시 속삭였다. "먹는 것을 멀리해봐요". 내시경 검사 후 며칠 동안은 나의 주름진 위 점막이 선명하게 떠올라 식욕이 없었다. 먹는 습관을 고쳐야 해서 식사도 천천히 하고 부드러운 음식으로 지친 위를 달랬다. 하지만 시간이 지나면서 기억이 흐릿해지자 다시 먹는 욕심이 되살아났고, 악순환이 반복되었다.

몇 년 전부터 아이들과 떨어져 남편과 둘이 지낸다. 여전히 남편은 '소식(小食)'을 하고 틈만 나면 나는 먹을 궁리를 한다. 쉬는 날이면 지인과 점심을 약속하고 약속이 없는 날에도 혼자서 외출해 '혼밥'을 한다. 혼자서 먹는 메뉴도 여전하다. 신체의 노화가 시작되면서 신진대사와 소화 기능이 약해졌음에도, '먹는 즐거움'을 포기하지 못하니 여기저기 몸에 이상 신호가 나타난다. 지방이 쌓이고 콜레스테롤 수치가 높아졌다. 조금만(?) 먹어도 체중은 늘어가고, 야속하게도 체중을 줄이기는 너무나 어렵다. 싫어하는 운동을 마지못해서 할 때마다 괴롭고 힘들어서 왜 그리 많이 먹었을까? 하며 바로 후회한다. 먹는 것은 순간인데 먹은 후 치르는 대가는 혹독하다. 본능적인 식욕을 충족시키려면 몸에 좋지 않은 조짐이 나타나고, 몸에 신경을 쓰다 보면 식욕이 충족이 안 되는 갈등 속에서 우왕좌왕 길을 잃는다. 마치 사방으로 방향 표시가 된 푯말 아래 서 있는 것 같다. 어디로 갈 것인가? 어디로 가야 하나? 맘껏 먹고도 마냥 행복한 길은 없는 것인가?

안인순

나래통증의학과 원장

2019년 《한국산문》 등단

sabinasira@hanmail.net

문화선택의 고민은
그대 몫이요

장성구

한 권의 책은 저자가 염력과 심혈을 기울인 인격의 자기 복제품이다. 그의 인생철학과 삶의 경륜에서 싹튼 지혜가 담겨 있다. 그러므로 독자들의 미래에 도움을 주는 이정표가 될 수도 있는 것이다.

살아가면서 극복해야 하는 시련과 뜻밖에 만난 우금을 건너기 위한 지혜는 여러 경험을 통해서 습득하여 가슴에 새기게 된다. 하지만 다양한 지식과 지혜의 모두를 발품을 팔아가며 직접 터득하기에는 삶의 시공간적 한계로 불가능하다. 그래서 책 속에 담겨 있는 남의 경험을 내 것으로 만들어 지식을 얻는 것이다. 이러한 작은 꾀를 통해서 습득한 지혜로 우리는 지금까지 현명하게 살아왔다고 할 수 있다. 탁란을 통해서 번식을 이어가는 뻐꾸기를 미워하기만 하기에는 어딘가 께름칙한 느낌이 드는 것은 사람의 삶도 이와 비슷한 점이 많기 때문인지도 모른다. 책과 독서의 가치에 대한 이런 교훈은 매우 중요하다. 그러나 흔히 귀찮고 싫증 나는 진부한 이야기로 간주하고 쉽게 잊어버린다.

어지러울 정도로 현란하고 속도감 있는 현대사회는 책을 대체할 매우 다양한 지식 전달 매체들이 넘쳐나고 있다. 좋게 표현하면 문화선택의 폭이 엄청나게 넓어졌다는 의미다. 이런 이유로 책과 독서의 중요성은 예전과 달리 바닥없는 추락을 계속하고 있다. 하지만 깊은 내용을 이해하고 터득하며 몰입할 수 있다는 점에서는 여러 전달 매체가 책을 능가할 수는 없다고 생각한다. 다시 말해 우리가 터득해야 할 앎을 완전히 내 것으로 소화하기 위해서는 단편적인 정보 습득 방법보다는 독서가 훨씬 유용하다. 물론 이런 생각은 필자의 아집에서 출발한 '라떼 이야기'에 해당할지도 모르겠다.

지식에 대한 갈망이 넘치고 이것을 터득할 수 있는 유일한 수단이 독서였던 시대에 책은 절대적 가치를 갖는 보배였다. 오죽하면 '배우기 위해서 책을 훔치는 것은 도둑질이 아니다.'라는 말이 생겨날 정도였다. 책이 귀하던 시대의 일화라고 할 수 있지만 책을 귀하게 대하는 마음에서 생겨난 일이기도 하다.

인류 역사에서 책은 기록문화의 최고 정수이다. 조선 오백 년을 통해 이루어 낸 찬란하고 다양한 기록문화는 오늘날 우리를 문화민족으로 대접받을 수 있게 만들어 준 가장 큰 유산이다. 이 말의 또 다른 해석은 우리 역사 속에 조선이라는 시대가 갖는 역사 문화적인 중요성을 의미하는 것이다.

선고께서는 자식들에게 '책 천자는 부천 자(책을 천하게 여기는 사람은 아버지를 천하게 여기는 사람이다)'라는 말씀을 항상 하셨다. 오늘날 되새겨도 가슴에 와닿는 말씀이다. 하지만 요즘은 양서를 구분해서 책으로 대접해야만 하는 또 다른 고민을 떠안고 있는 시대이다. 동시에 양서를 구분할 줄 아는 능력이 필요한 시대가 되었다.

어떤 일에 종사하는 사람이든 좋은 계기가 되어 난생처음 책을 출판하게 되었을 때는 너나 할 것 없이 두려움과 설렘으로 밤잠을 설친다. 필자도 예외 없이 가슴이 두근거리고 겁이 났던 경험을 했다. 그렇지만 은근하고 막연하게 책에 대한 반응을 기대하기도 했다. 책의 내용을 독자들에게 보여준다는 두려움과 저자가 된다는 설렘이 혼재하였다. 마치 발가벗고 남들 앞에 나서는 자기 모습을 연상하게 된다. 그런 두려움뿐만 아니라 나름대로 심혈을 기울인 책을 누구에게 보내줄까를 결정하는 것은 또 다른 번뇌이고 고민이었다. 그래서 책을 보낼 사람을 조심스럽게 손가락으로 꼽았다가 풀기를 반복했던 기억이 난다.

책의 출간에 따른 공포를 극복하는 것은 오직 한 가지라는 것을 몇 번의 경험을 통해서 터득했다. 다시 말해 남들이 뭐라고 해도 나름대로 최선을 다해서 주옥같은 내용을 담았다는 자긍심으로 이겨내는 것이 유일한 방법이다.

명저든 졸문 졸작이건 간에 한 권의 책을 출간하기까지 얽히고설킨 작가들의 애환은 또 다른 이야깃거리다.

불과 얼마 전 네 번째 시집의 원고를 출판사에 넘기고 이런저런 생각을 하며 신문을 펼쳐 들었다. 주요 기사라는 것은 보기만 해도 머릿살이 긁히는 난잡하고 추한 정치 이야기가 전부였다. 국가사회와 국민을 위해서 정치를 하는 것인지, 정치인들의 만족을 위해서 국민에게 희생을 강요하고 있는 것인지 알 수 없는 나라다. 국민이 피땀 흘려 납부한 세금으로 할 일 없이 분란만 일으키는 정치가들을 먹여 살린다는 것은 생각할수록 부아가 치미는 일이다. 깜냥이 안 되는 삼류 정치가들의 저급한 말을 들어야 하는 국민은 또 다른 형태의 사회적 고문을 당하는 것이다. 국민이 저급한 정치권력자들에게 사육당하고 있다는 생각도 들었다.

이런 눈살 찌푸려야 할 정치 기사가 주류를 이루고 있는 신문의 한 귀퉁이에 꾀죄죄한 제목에 눈이 끌렸다. '이 시대 우리 사회 성인들이 받고 싶은 선물은 무엇일까?'라는 제목이다.

신문사에서 품을 들여 자기네 독자들 수천 명을 대상으로 조사한 내용이다. 과연 요즘 세대 성인들은 어떤 종류의 선물을 좋아할까? 아마 이럴 것이라는 마음속 추측을 살짝 견주어 볼 수 있는 흥미로운 일이다. 사회생활에 참고가 될 듯한 생각이 들어 기사를 꼼꼼히 읽었다. 어느 정도 예상은 했지만 결국 응답자들이 제일 받고 싶은 선물의 일등은 현금이었다. 다음이 상품권이었다. 결과가 마음에 들든 안 들든 현실을 에누리 없이 바라본 솔직한 조사 결과라는 생각이 들었다. 그런데 해당 언론사에서는 이번 조사를 하면서 역으로 제일 받기 싫은 선물에 대해서도 동시에 조사를 했다. 이 또한 흥미로운 일이었지만 이 질문에 관한 결과는 쉽게 점칠 수 없는 야릇한 기대와 호기심이 생겼다. 흥미로운 마음으로 기사를 자세히 읽다가 어느 한 곳에서 도저히 눈을 뗄 수가 없었다. 가장 받기 싫은 선물의 명단 맨 위에 책이 자리 잡고 있었고, 다음 줄에는 꽃이라고 되어 있었다. 기사를 보는 순간, 마치 수석 합격을 기대했다가 수석은커녕 합격도 못한 낙방 수험생이 된 기분에 빠졌다. 순간의 좌절과 충격은 그 뒤에도 꽤 오랫동안 머릿속을 맴돌고 떠날 줄 몰랐다. 비문증 환자의 시야를 어지럽히는 한 마리 모기가 머릿속을 헤집고 날아다니는 듯했다.

어쨌든 이 설문조사의 결과는 우리 사회의 현실을 적나라하게 보여주고 있다. 이런 일이 있고 나서 부지불식간에 새로운 버릇이 생겼다. 책을 출간할 때면 원고를 상재하자마자 다음으로 준비하는 일은 책을 보낼 사람들의 명단을 만들고 일일이 주소와 우편번호를 챙기는 일이었다. 그런데 이제는 책상에 앉아 고민하는 시간이 한없이 길어지고 있다. 책을 보낸다는 것을 빌미로 내가 상대방을 압박하는 것은 아닐까. 출판한 책의 선물을 핑계로 잘난 체한다고 욕을 먹는 것은 아닐까. 나는 정성을 다해 책을 보내지만, 상대방에게는 귀찮고 번거로운 짐이 되는 것은 아닐까.

이런저런 생각으로 명단에 이름을 넣었다 뺐다 하길 반복했다. 마치 상대방의 마음을 예측해 보는 점쟁이가 된 기분이 들기도 했다. 무엇 때문에 번뇌 속에서 헤매야 하는 것인지 알 수가 없는 일이었다.

이 생각 저 생각으로 고민하다가 결국 책 내용의 충실함에 천착하는 것이 중요하다는 원론적인 생각에 귀착하였다. 소득 없는 헛된 고민은 이렇게 마무리했다. 한 권의 책 속에 진득한 진실이 독자에게 얼마만큼 공감과 호소력을 갖는가 하는 것이 중요한 듯하다. 책은 살아 움직이는 대표적인 문화적 귀중품이다. 책을 받는 사람에게 마음속 메시지를 보낸다.

"내다 버릴지 읽어 볼 것인지, 문화선택의 고민은 그대 몫이요!"

於 鶴汝齋

장성구(張聲九)

경기도 여주 출신. 호는 명고(鳴皐), 인재(仁齋).
《문학시대》로 시인 등단.
경희대학교 병원장, 대한의학회 회장, 대한암학회 회장,
한국의학교육평가원 이사장
현 경희대학교 명예교수, 대한민국의학한림원 원로회원
시집 4권, 수필집 2권, 칼럼집 2권, 평론집 1권 발간,
가곡 CD(장성구 시, 김동진 작곡)
sg2chang@gmail.com

바둑 도전

전
경
홍

　오랜만에 용모가 준수하고 키가 늘씬한 청년이 된 둘째 손자가 현관에 들어섰다. 참 반갑지만 무슨 연고로 왔을까 생각하는데 어깨에 멘 가방을 내려놓고 가슴에 안기며 "할아버지 많이 보고 싶었습니다." 하고 정겹게 눈을 맞추고 또 할머니하고 가슴에 안기니 착하다. 손자의 머리를 쓰다듬으니 "할머니 제가 아기가 아니고 이제는 다 컸습니다. 하하하 할머니 건강하게 오래 사세요. 선물을 전달하겠습니다."하고 가방에서 빨간 실크 넥타이와 옅은 보라색의 실크 머플러를 꺼내 들었다. "어머니가 할아버지, 할머니 젊게 사시라고 했어요." 나는 의사회에 매고 갈 생각이었는데 집사람은 화사한 색깔이라며 거울 앞으로 가서 목에 두르고 "10년은 젊어 보이네. 참 좋다 애미야 고맙다."며 활짝 웃었다. 손자는 "아니, 20년요." 하고 기분을 돋아주었다. 손자는 샤워를 하고 휘파람을 불더니 "제가 갑자기 내려온 것은 할머니 할아버지 뵙고 싶고 또 내일 새재 바둑대회에 출전하려고 왔습니다. 내일 오후 한 시에 온누리 체육관에서 어떤 강자를 만날지는 모르지만 도전해보겠습니다."라고 한다. 당찬 기세가 보여서 나는 힘주어 "그래 한번 해 보아라." 격려했다.

아침에 주방에서 구수한 음식 냄새가 거실까지 풍겨오더니 진수성찬이었다. 나는 진료실로 내려가며 손자와 필승 필승 하이파이브를 하고 대회장으로 보냈다. 마침 토요일이라 오전만 진료하고 바둑대회장을 가는데 어쩐지 흥분되고 긴장감이 엄습해 왔다. 지금쯤 대국 중일까 우세할까 궁금한 마음을 달래지 못하였다. 현장에 다다르자 눈을 크게 뜨고 대국 중인 곳을 사뿐사뿐 걸어서 살피던 중 최강대국이라는 팻말이 서 있는 한복판에서 심사숙고하며 바둑판에 열중하고 있는 손자가 보였다. 가까이 가면 나를 의식하고 신경을 쓰지는 않을까 싶어 대기실로 가는데 친근한 후배가 다가와 잘 오셨다며 차 한잔하자고 나를 귀빈실로 안내했다. 차를 마시며 얘기를 듣는데 우리 손자가 올봄에 한국기원에서 개최한 전국 대학생부에서 우승했으니 이번에도 승리하리라는 기대로 황 프로와의 대화도 즐거웠다.

최강부에 대전시간은 숙고하기에 긴 시간이 소요될 것이라 밖으로 나오니 만추라 찬란한 햇살에 아름다운 단풍잎들이 눈을 즐겁게 하고 삼상한 가을바람으로 솔향이 향긋하여 벤치에 앉으니 맞은 편에 육군 장교와 사병이 다정하게 담소를 하고 있는데 나의 육군 병장 시절 때 천 소위의 모습과 흡사해서 그때 일이 파노라마처럼 회상되었다. 그때 사병 휴게실에는 바둑과 장기가 마련되어 있었다. 나는 7급이었고 여 상병은 9급이라 둘이서 자주 재미있게 경쟁도 하여 참 친하게 지냈다. 때로는 영관급 장교들 사택에 가서 바둑 두고 좋은 식사도 하고 돌아오기도 했다. 나는 바둑으로 여러 장병들과 함께 즐거운 시간을 가졌다. 가끔 주간 사관으로 순찰 나온 천 소위와 바둑으로 친분을 가졌다. 천 소위는 9급인데 승부욕이 강해서 자주 도전했다. 그런데 어느 날 천 소위와 바둑 대결에서 내가 한 점을 두면 천 소위의 큰 어복이 다 죽게 된 순간에 천 소위가 한 수만 봐 달라고 명령하듯 큰소리로 강요했다. 나는 "다시 대결하세요. 나는 불계승이 확실한 찬스를 놓칠 수가 없습니다." 이야기했다. 그때 사병들의 눈을 의식한 장교와 사병 간에 자존심 대결이었다. 나는 웃으면서 거절하였다. 그때 흥분한 천 소위는 '야 이 새끼' 삿대질을 하더니 바둑판을 확 밀쳤다. 바둑판과 흑백 돌들이 산산이 흩어졌다. 참견한 사병들은 모두 쓴웃음을 지으며 헤어졌다. 그 후 나는 군복무를 마치고 제대했다. 잊을 만큼 세월이 흘렀는데 부산 광복동에서 우연스럽게 만났다. 천 소위는 깜짝 놀라며 울상을 짓고 나의 손을 덥석 잡고 그때 미안했으니 용서하라고 고개를 숙였다. "그때 숙소로 돌아가서 후회를 많이 했어요. 혹시 제대 후에 만날까 봐 마음이 편하지 않았습니다. 원수는 외나무다리에서 만난다더니 그때는 젊어서 대단히 경솔한 짓을 했습니다."하고 어쩔 줄 몰라 했다. 나는 "아니요, 다 잊었습니다." 이야기하고 화해의 의미로 그를 포옹하고 웃음으로 내 심정을 표했다. 그도 반기며 그 유명한 우정식당에서 회식을 하며 과거 군 생활에 이야기로 즐거운 시간을 보냈던 기억에 잠시 사로잡혔다.

손자가 상대를 제압했을까? 패했을까? 갑자기 궁금해서 서둘러 대국장에 갔더니 바둑은 이미 계가를 끝냈고 다시 복기하면서 12집이 진 까닭을 해설 받으며 긍정하는 미소를 짓고 감사의 인사 중이었다. 집으로 돌아오면서 손자는 운이 좋아서 아마 6단인데 프로 3단과 대국해서 패했으니 미련이 없고 배우는 기회였다고 자랑하고 만족해했다. 나는 승리하지 못한 것이 속으로 서운했지만 그래도 손자가 장래가 기약되는 기사도를 가진 것이 기특해 보여서 오늘은 잘 배웠구나 입에 침이 마르도록 칭찬했다. 그 순간 나는 천 소위와의 대결이 뇌리를 스쳤다. 그래 바둑대국에서는 할아버지와 손자의 입장이 달랐구나. 부산 세관에 근무한다던 승부욕이 강한 ○○씨는 은퇴했겠지 언제 만나서 신사적으로 바둑을 두면서 옛날 추억을 되살려 볼까, 그러면 내가 도전해야 하겠다.

전경홍

문경 동산가정의학과의원 원장
前)한국의사수필가협회 회장
한국문인 수필 신인상, 한미문학상, 한국수필문학상,
보령문학상, 한국장로문학상
저서: 《할 말은 많은데》 공저 《행복의 조건》
25회 문경대상, 2019 문경예술인의 밤 공로상 수상
dongsanhome@daum.net

2023 한국의사수필가협회 공동수필 제15집

별을 위한 시간

호숫가에서 범종을 울리다

별을 위한 시간

빨래

슬픈 꿈

어머니 어머니 나의 어머니!

슬픈 꿈

호숫가에서 범종을 울리다

황건

　누구든지 산사를 방문해 새벽이나 저녁에 종이 울리면 예불 참석 여부와 관계없이 그 순간만이라도 번뇌에서 벗어나는 느낌을 받을 것이다. 그러나 승려가 아닌 일반인 중에 범종을 직접 타종한 경험을 가진 이는 드물 것이다. 나는 경상북도만큼 넓은 중앙아시아의 한 호숫가에서 얼마 전 작고한 친구의 극락왕생을 위한 마음을 담아 종을 울리고 왔다.

　얼마 전 나는 키르기스스탄에서 열린 국제성형외과학회에 참석해 연제를 발표했다. 나와 친분이 있던, 그 나라에 성형외과의 기초를 놓은 의사 M이 코로나 감염증으로 사망한 뒤 꼭 2년 만에 그를 기리는 학회가 그의 제자들에 의해 열렸기에 비행기를 갈아타고 차로도 여러 시간 걸리는 곳을 마다하지 않고 갔던 것이다.

　학회는 수도 비슈켁(Bishkek)에서 동쪽으로 차로 4시간 거리에 있는 이식쿨(Issyk-Kul) 호숫가의 한 문화센터(Rukh Ordo)에서 열렸다. 2007년 개관한 이 야외박물관은 키르기스어로는 '영적 센터'를 의미하며 이슬람, 러시아정교회, 천주교, 불교, 유대교 등 주요 종교의 화합을 이루고자 하는 목적으로 만들어졌다고 한다.

다섯 개의 종교관 건물은 모두 하얀색으로 모양이 똑같은데 지붕 꼭대기의 표식으로 구분할 수 있었다. 각 종교관들 내부에는 그 종교를 대표하는 성인들을 그린 그림들이 장식돼 있었다. 즉 천주교관의 정면에서는 복음사가 성 마태오가 천사의 말을 듣고 '마태오복음'을 펜으로 쓰는 그림이, 정교회관에서는 광야에서 수행하는 '예수'의 모습이 있었다. 불교관에는 보관을 쓴 관세음보살의 동상이 모셔져 있었는데, 왼손에는 쥐 한 마리를, 오른손에는 소라고둥을 쥐고 있었다.

잠시 머물며 지물(持物)에 대하여 생각해 보았다. 〈천수경〉 관세음보살의 12가지 명호는 각각 동물로 배치되는데, 만월보살의 화신으로 쥐가 형상화된 기억이 났다. 만월보살은 달에 광명의 물을 채우는데 악마가 자꾸 그 물을 먹어치우자 그를 잡기 위해 쥐의 모습으로 인간 세상에 내려왔다. 악마를 무찌르며 광명의 물을 채우는 만월보살은 부지런함의 상징인 것이다. '나팔소리 고동의 경'은 소라고둥을 비유해 자애의 마음을 우주에 가득 채우는 것을 설하였다. 구조적으로 소리를 증폭시킬 수 있는 '강력한 소라고둥이 적은 노력으로도 사방으로 들리는 것처럼', 자심해탈 수행을 해 자애의 마음을 우주에 가득 채우면 탐욕이나 성냄 등의 해로운 마음은 남지 않는다고 했다.

평소에는 연회장으로 쓰이는 학회장에 들어갔다. 주최국뿐 아니라 러시아, 카자흐스탄의 의사들이 많이 참석하였는데, M과 가까이 지냈던 여러 나라의 의사들이 참석해 고인의 업적과 인품을 기리는 개회식을 시작으로 사흘간의 학회가 진행됐다.

넓은 조각공원의 오른쪽에 위치한 종루에 걸린 종에 눈에 익은 '비천상'이 보였다. '성덕대왕신종(에밀레종)'의 복제품이었다. 한글로 '한국의 소리', 대한민국 문화관광부와 조계종에서 기증했다고 새겨져 있었다. 관광객들은 누구나 타종할 수 있었다. 벽안의 중년 부부가 타종하고 플라스틱으로 된 투명한 불전함에 약간의 돈을 넣었다. 그들은 자신들이 친 그 종소리가 아름답다고 했다. 내가 그들에게 이것이 '한국의 소리'라고 알려줬다.

3년 전 나는 페이스북에 M의 유가족이 올린 소식을 보고 그가 타계한 것을 알았으나, 나보다 두 살 아래인 그가 60세의 나이로 코로나 때문에 급서한 것에 대해 아무런 조의를 표할 수가 없었다. 이제 그가 여름이면 매주 다니던 이 큰 호숫가에서 그를 기리는 모임에 와서는 종 앞에 섰다. 그의 극락왕생을 기원하며 '당목'을 잡고 힘껏 뒤로 당긴 뒤 앞으로 밀어 당좌를 쳤다. 종소리는 조각공원을 넘어 바다 같은 호수 위로 퍼져나갔다.

영국 시인 존 던(John Donne)이 쓴 '비상시의 기도문'(Excerpt from Devotions upon Emergent Occasions)이 생각났다.

"어떤 이의 죽음도 나를 소모시키나니, 나도 또한 인류의 일부이기에, 그러니, 누구를 위하여 종은 울리느냐고, 묻지 말지어다. 종은 그대를 위하여 울리는 것이다."(Any man's death diminishes me, because I am involved in mankind, and therefore never send to know for whom the bell tolls; it tolls for thee).

육군수도병원 성형외과

황건

1983년 서울대학교 의과대학을 졸업하고, 1992년부터 2023년까지 인하대학교 의과대학 성형외과 펠로우교수로 재직하며 의과대학생들에게 '의학과 문학'을 가르쳤다. 2023년부터 현재까지 국군수도병원 성형외과에서 부상당한 국군장병들을 진료하며, 동시에 이화의료아카데미에서 겸임교수로 재직 중이다.
2004년 〈창작수필〉로 수필 등단, 2005년 〈시와 시학〉으로 시 등단
2018 과학기술훈장 진보장 수훈
수필집 《거인의 어깨에 올라서서》《시인과 검객》《나를 찾아서》《황건 잡설》 등이 있다.
jokerhg@inha.ac.kr

별을 위한
시간

김
금
미

    로버트 A 하인라인의 SF 소설 《별을 위한 시간》은 우주여행을 하는 텔레파시 능력자에 대한 소설이다. 톰과 펫은 일란성 쌍둥이이다. 톰과 펫은 정부의 장기정책재단에서 일란성 쌍둥이들 중 텔레파시 능력을 가지고 있는 쌍둥이를 찾는 프로그램에서 선발되어 쌍둥이 중 톰이 포화한 지구를 대체할 행성을 찾는 우주선에 통신원으로 승선하고, 지구에 남겨진 펫은 톰과 텔레파시로 시시각각 연락을 취하면서 어떤 무선 통신보다 빠르게 우주와 지구 간의 통신을 가능하게 만든다. DNA가 거의 동일한 일란성 쌍둥이로서 원하는 시간에 원하는 내용의 통신을 텔레파시로 완벽하게 나눌 수 있다는 가정인데, 이로써 수백만 광년 떨어진 우주에서도 지구와 전화 통화하듯 통신이 가능하게 된다.

사실 이런 성격의 텔레파시는 SF 소설에서나 볼 수 있다. 쌍둥이의 생각, 문서의 자세한 내용, 한 페이지를 넘어가는 암호까지 팩스 보내듯 텔레파시를 보낸다는 건데 진짜 이게 가능한 상황이라면 이 세상 어느 정보국에서도 이 쌍둥이들을 극진히 모셔갈 듯하다. 실제로 소설 《별을 위한 시간》에서도 톰과 펫은 우주선 통신원의 역할을 수십 년 수행하면서 모은 돈으로 거의 기업을 세울 수 있었다.

나는 이 소설을 읽으면서 세 아들딸 중 나의 DNA를 가장 많이 받은 막내 교영이가 떠올랐다. 대학 졸업반인 교영이는 앞으로 진로를 결정하기 위해 열심히 공부하고 학교 학과에서는 홍보부장을 하는 등 활동적이면서도 친구 관계에는 매우 내성적인, 엄마인 나와 아주 비슷한 성격을 가지고 있다. 사람과의 관계를 너무 깊게 고민하는 모습까지 나의 어릴 적 모습을 보는 것 같기도 하다.

교영이는 반가워하지 않지만, 어렸을 적부터 교영이에게 무슨 일이 생기면 내 몸에도 신호가 왔다. 교영이가 중학생 시절, 퇴근 후 운전을 하다가 갑자기 교영이 생각이 나면서 몸에 전율이 와서 교영이에게 전화를 걸었다. "교영아 별일 없니?" "엄마, 지금 수학학원 끝나고 밥 먹고 영어학원 가야 하는데 지갑을 두고 와서 밥을 못 먹고 있어요!" 게다가 교영이와 전화 통화를 하던 그 지점이 바로 교영이 학원 근처였다. 나는 바로 학원 앞으로 가서 교영이에게 밥을 사주고 학원에 보내고 왔다.

교영이의 얼굴을 보면 그냥 교영이가 무슨 생각을 하는지, 학원은 잘 갔다 왔는지 그냥 알 수가 있었다. 학원을 가기 싫어하는 것 같은 날에는 내가 먼저 이야기하기도 했다. "교영아 오늘은 그냥 잘 쉬고 내일부터 열심히 갈래?" 그러면 교영이는 "네 엄마!"하고 신나서 대답하기도 했다.

그런 교영이가 이제는 자신의 미래를 개척하기 위하여 방학 내내 실습을 신청하고, 관심 있는 교수님의 논문을 찾아보고 열심히 노력하는 기특한 젊은이가 되었다. 지방에서 대학을 다니고 있는 교영이는 지난 여름방학, 치열하게 공부와 실습을 하고 개학에 맞추어 학교로 내려갔다. 개학 다음 날, 나는 진료를 보다가 갑자기 교영이 생각이 나면서 몸에 이상한 기분이 들었다. 교영이에게 별일은 없는지 궁금하여 전화를 걸었다. 전화가 뚝 끊겼다. 바로 교영이에게서 문자가 왔다. "수업 중!" "아 그래. 잘 지내지? 갑자기 네 생각이 들어서. 물론, 한국에 없는 건 아니지?"

나는 싱거운 농담 문자를 보내고 다시 진료를 보기 시작했다. 그런데 교영이에게서 답장이 바로 오지 않았다. 시간이 좀 흘렀을까? 교영이에게서 긴 답장이 왔다.

"엄마 나 사실 친구랑 호주 왔어… 오늘 비대면 수업이구 내일이랑 모레 수업 없어서 왔는데… 개강하고 여행 간다고 하기 좀 그래서 타이밍을 놓쳐서 그냥 왔는데… 말을 했어야 하는데… 너무너무너무 죄송합니다…… 방학 때 너무 가고 싶었는데 방학 동안 너무 바쁘게 사느라 여행을 못 와서 잠깐이라도 오자 싶어서 왔어요… 죄송합니다… 진짜진짜 죄송해요……"

이런 텔레파시는 원하던 게 아닌데. 나는 막내의 문자를 보고 엄마에게 말도 안 하고 외국 간 걸 한번 뒤집어엎어야 하는지, 다 큰 성인이니 쿨한 엄마가 되어야 하는지 잠시 유치한 고민을 했다. 이미 뒤집어진 마음, 속으로는 열 번쯤 뒤집어졌지만, 머리는 멋진 엄마가 되기로 결정했다. 그리고 답장을 보냈다.

"교영아, 여름방학 동안 누구보다 열심히 치열하게 살아온 걸 엄마가 잘 아는데 엄마가 그 정도도 이해 못 해줬을까? 아니 그러면 수서 SRT에서 그 무거운 캐리어를 끌고 인천공항까지 간 거야? 엄마는 그게 더 가슴 아프다. 엄마한테 말했으면 엄마가 인천공항까지 데려다줬을 거 아니니. 원래 너랑 엄마는 텔레파시가 통해서 너한테 무슨 일 있으면 엄마가 금방 뭔가 이상한 느낌을 느끼는데… 오늘 무슨 마음이 들었는지 너한테 연락을 하고 싶더라. 이제 엄마한테 다 들통났으니 마음 편하게 잘 여행하구 와. 우리 교영이가 얼마나 마음이 불편했을까 엄마가 더 마음이 아프네. 엄마 카드 가지고 갔니? 맛있는 거 많이 사먹구 와."

"엄마한테는 뭘 숨기면 안 되겠어요 진짜 텔레파시 통하나 봐. 죄송합니다… 걱정 잔뜩 했다구요. 따뜻하게 말해주어서 너무 감사합니다."

교영이는 신나게 놀고 건강하게 잘 돌아왔다.

엄마의 DNA를 제일 많이 가지고 태어난 죄로 엄마와 진하게 연결 되어있는 교영이. 나는 소설《별을 위한 시간》처럼 교영이의 마음을 문서 읽듯 다 알고 싶은 생각은 절대 없다. 교영이가 내 품에 있을 날도 얼마 남지 않았다. 그냥 가끔 교영이가 엄마를 필요로 할 때, 교영이도 엄마와 마음의 대화를 나누고 싶어 할 때, 그냥 옆에 있으면서 '교영이를 위한 시간'을 좀 더 많이 내어주는 엄마가 되고 싶다.

김금미

이대의대 내과 전문의, 의학박사
현 일산서울내과의원 원장
2013년 《한국산문》으로 등단
저서: 수필집 《그들과의 동행》 공저 2015년
kmk6410@hanmail.net

빨래

안혜선

  2006년 가을, 나를 포함한 국립중앙의료원(NMC) 소화기센터 소속 전문의 다섯 명이 우리와 협력관계인 스칸디나비아 3국 중 덴마크 코펜하겐의 릭스 병원으로 연수를 떠났다. 우리와 친근한 북유럽 국가이건만 아쉽게도 직항노선이 없어 프랑크푸르트에서 스칸디나비아항공(SAS)으로 갈아타고 코펜하겐의 카스트럽 공항에 저녁 9시가 넘어서 도착하였다.

  마중 나온 덴마크의 유일한 한국인 목사인 오대환 목사님의 안내로 코리아센터에서 하룻밤을 묵고 병원 가까운 숙소를 알아보려다 그냥 그곳에서 한 달간 지내기로 하였다. 1층 현관을 지나 오른쪽에 주방이 있고 반대편에는 거실 그리고 그 중간쯤에 놓여 있는 식탁에서 식사 후 회의를 하고, 하나뿐인 골방은 내 차지가 되었다. 2층은 컴퓨터가 설치된 마루에 이어 넓은 방 여러 개를 나누어 사용하였다. 내가 홍일점이자 제일 연장자이고 네 분의 남선생들은 5살 아래부터 띠동갑까지의 연하라, 나를 깍듯이 누님으로 모시며 떠받들어 주었다.

아침은 서울에서 준비해 온 먹을거리로 새벽밥을 지어먹고 시내 구경과 함께 길도 익힐 겸 버스를 타고 출퇴근을 하였다. 점심은 병원 카페테리아에서 판매하는 덴마크 전통음식인 스뫼르브레드(Smørrebrød)를 먹었다. 골라 먹는 재미에 매일 먹었더니 나중에는 좀 물렸는데, 지금은 또다시 먹고 싶어진다. 저녁은 요일별로 당번을 정하여 식사 준비에서 설거지까지 책임지도록 하였다.

빨래는 처음에 각자 한 사람씩 세탁이 끝나면 차례대로 하다가, 얼마 후부터 다섯 명의 옷을 모아 함께 빨았다. 삶음 코스인 내복과 수건을 세탁하는 날에, 내 옷은 따로 빨래 망에 넣어 같이 빤 후 끝나는 시간에 맞춰 각자 옷을 골라 빨랫줄에 널었다. 세탁이 주로 밤 늦게 끝나기에 나는 주머니에서 꺼낸 속옷을 아무도 없을 때 거실의 식탁 의자 등판 모서리에 두 개씩 걸어 놓았다가 아침 일찍 거두어 방에서 개키곤 했다.

떠나기 전에 빨래할 곳이 마땅치 않겠다 싶어 팬티를 열 장쯤 새로 사고, 짐을 싸며 달거리할 때 자다가 실수라도 하면 버릴 요량으로 고무줄이 느슨해졌거나 낡아서 버리려고 처박아 놓았던 것까지 몽땅 넣어 30여 장을 가져갔다. 도착한 지 얼마 되지 않아 생리가 시작되었고, 드디어 밤에는 낡은 속옷을 꺼내어 입었다.

버리려고 가져온 옷이지만 막상 먼 곳에 와서 입던 속옷을 쓰레기통에 넣기도 뭐하고, 세탁기가 빨아주니 말려서 계속 입기로 마음먹었다. 넓지도 않은 방의 구석탱이에 납작 엎드려 있는 가방 위에는 이미 자잘한 살림살이와 쇼핑백이 싸여 있어 가방을 끌어와 여는 일도 귀찮고, 지금 사용하고 있는 것으로도 충분해 샤워 후에는 일부러 허름한 옷을 입고 잤다.

그곳은 우리보다 주5일제를 먼저 실시했으므로 서울에서 유레일패스 세이버를 구입하여, 첫째 주말에는 안데르센의 고향 오덴세, 다음 주는 스톡홀름, 이어서 베를린, 마지막 주는 노르웨이 오슬로에서 베르겐까지 피요르드 해안 관광을 했다.

그날도 스톡홀름에서 야간열차를 타고 돌아와 모처럼 휴식을 취하던 중, 누군가 칼스버그 맥주 공장을 견학하고 싶다 하여 버스정류장으로 출발하는데 갑자기 한 명이 피곤하다며 잠을 자겠다고 하였다. 넷이 공장 투어를 마치고 땅콩을 곁들여 가며 맥주를 마시는데, 속옷을 세탁하던 중에 집을 나온 사실이 문득 떠올랐다. 맥주 맛이고 뭐고 간에, 이 난국을 어떻게 수습할 것인가.

'우리가 집에 도착하기 전에 빨래가 끝날 것이고 그러면 그 선생이 빨래를 꺼낼 텐데. 그러면 그 선생 성격에는 빨랫줄에 널 텐데…. 나 같으면 그냥 정지시켰다가 사람들이 모이면 다시 누를 테지만… 내 팬티의 절반은 구멍 나고 고무줄이 늘어난 것 아닌가. 어휴. 하지만 내 옷은 망에 들어 있으니 그냥 두겠지 뭐.'

내가 "우리가 세탁기를 돌리다 나왔는데, 그 선생이 어떻게 할까요?" 물으니, 모두 "보나마나 그 선생은 빨래하는 것도 잊고 쿨쿨 잘 테니 걱정 마세요." 한다. 혼자 끌탕을 하는 동안 어느새 집에 도착했다.

일단 세탁기 쪽으로 달려가니 문이 활짝 열려 있고 통 속은 텅 비어 있었으며 내 주머니는 온데간데없었다. 내 머릿속도 텅 빈 느낌이었다. 테라스의 빨랫줄에는 이미 남자 팬티가 각양각색의 만국기처럼 펄럭이고 있었다. 한숨을 쉬며 돌아보니, 내 것은 평소에 내가 몰래 하던대로 의자 등판 모서리에 코커스패니얼 귀처럼 걸려 있었는데, 이번에는 식탁 의자 5개로도 모자라, 어디서 찾았는지 안 쓰는 의자까지 가져와 정성스레 널어놓았다. 너무 창피해 화도 못 낼 지경이었다.

"그냥 두면 내가 와서 어련히 할 텐데, 왜 시키지도 않은 일을 하고 난리예요? 그리고 저 구멍 난 팬티, 이제 돌아가서 다 떠벌리고 다닐 텐데. 어떡해요? 앙! 사실 버리려고 했던 것인데 어쩔지 몰라서 가져왔다가, 그냥 한국 가서 버리려고 했다는 둥 어쩌구 저쩌구."

그랬더니 그 선생이 양손을 휘저으며 말을 이었다.

"아니, 아니 걱정하지 마세요. 제가 우리 집에서 위로 누나 일곱 명에 막내로 태어났다고 했잖아요."

"그래서. 그게 어쨌단 말이에요?"

"아 그래서 제가 어렸을 때부터 이런 걸 하도 보고 자라서, 아무렇지도 않으니 걱정 마세요. 전혀. 정말에요."

"그래도 그냥 두셨어야죠. 그리고 병원에서 떠들고 소문내면 안 돼요. 제발 잊어주세요."

절대로 그럴 일은 없을 것이고, 자기는 괜찮으니 신경 쓰지 말라고 나에게 간곡히 사정을 했다. 성가신 일을 해준 사람에게 신경질을 부리는 내가 잘못이라도 한 듯이. 하지만 이런 일은 안 해줘도 되는데…

평소에는 명랑, 섬세, 여린 성격이지만, 결정적인 순간에 우유부단, 혼자 삐지길 잘하고, 뒤끝이 긴 소심남이기에 나중까지 기억할까 걱정이었다. 칠공주 집안의 왕자로 태어나 여자 팬티 보는 것에 이골이 나 아무렇지도 않을지, 아니면 '찢어진 팬티를 애용하는 칠칠하지 못한 여자'로 두고두고 기억할지 모를 일이기에.

안혜선

이대목동병원 병리과 진료교수
한국의사수필가협회 총무이사
이화의대 졸업. 의학박사
2013년 《한국산문》으로 등단
대한의사협회 사회참여이사
보건의약단체 사회공헌협의회 중앙위원장
2018–현재 한국의사100년기념재단 이사
ahspath@hanmail.net

슬픈 꿈

정
찬
경

"잘 보이던 눈이 안 보여요!"

그녀가 진료실에 들어서며 내게 던진 첫마디였다. 수술 환자에게 가장 듣고 싶지 않은 말이다. 당혹스러운 심정을 애써 감추며 그녀의 눈을 살폈다. 눈꺼풀이 부어 있었다. 결막 역시 붓고 심홍(深紅)색을 띠고 있었다. 각막도 부어 주름이 보였다(각막 조직은 부으면 주름이 잡힌다). 전방(前房, 각막과 홍채 사이의 공간, 방수라는 물이 순환한다)의 방수는 탁해졌다. 그 물속에는 미세한 가루처럼 보이는 염증성 세포들과, 가는 실이나 찌꺼기 같아 보이는 염증의 부산물들이 부유하고 있었다. 마치 햇볕을 받아 떠도는 먼지들처럼.

며칠 전까지만 해도 수술이 잘되어 눈이 밝아졌다며 좋아하고 기뻐하던 그녀였다.

'이게 웬일인가' 하며 당황하다가 말을 건넸다.

"무슨 일이 있었나요?"

대개 경과가 좋던 눈이 이렇게 된 데에는 그럴 만한 계기나 사건이 있는 경우가 꽤 있기 때문이다. 이럴 때 대개는 "무슨 일은요, 아무 일도 없었어요."하며 자신은 잘못이 없다는 표정으로 나를 빤히 노려보는 환자들이 많다. 하지만 이번은 달랐다. 그녀는 가볍게 떨리는 목소리로 바로 실토했다.

"선생님, 꿈과도 연관이 있을 수 있나요? 너무 슬픈 꿈을 꾸었어요. 그래서 꿈속에서 정말 많이 울고 눈물을 닦고 했는데 실제로도 내 눈을 만지고 비비고 그랬나 봐요. 아침에 일어나보니 눈이 빨개지고 부어 있으면서 흐리게 보여서 이렇게 한걸음에 달려왔어요."

이제 상황을 정확히 파악할 수 있었다. 환자가 잠결에 부주의하게 눈을 비빈 탓에 수술 부위의 염증이 발생했던 것이다. 잠잘 때에는 눈물 분비가 현저히 줄어들고 의식이 없어 주의력도 떨어진다. 게다가 손은 물론 이불이나 침구에도 많은 세균이 있을 수 있다. 비비는 경우도 그렇지만 베개나 이불에 눈을 처박거나 해도 위험하다. 그래서 환자들에게 가급적 반듯이 누워 자기를 권하고 수술 후 한 달 정도 수면 시 보호 안대를 착용하게 한다.

미안하게도 약간의 안도감을 느꼈다. 적어도 내 책임은 조금 줄어들었으므로. '이걸 어떻게 치료를 해야 하나' 궁리를 시작하면서도 한편으론 도대체 얼마나 슬픈 꿈이었기에 이 지경이 된 것인지 꿈의 내용이 궁금해졌다. 물어볼까 말까 조심스러워 고민을 하다 말을 건넸다.

"어떤 꿈이었는지 여쭤봐도 될까요?"

그녀는 그것이 의사 입장에서 의학적으로 필요할지도 모른다는 생각이 들었는지, 아니면 하소연할 곳을 찾던 중이었는지 모르지만 순순히 그리고 상세히 자신의 꿈 얘기를 해주었다. 의외였다.

"애 아빠랑 심하게 다투는 꿈이었어요. 요즘 아들 때문에 너무 속상한 일이 있었거든요. 아들이 큰 사고를 쳤어요."

말하던 그녀의 얼굴이 심하게 어두워졌다.

"변호사까지 선임해서 소송 중이거든요……. 그래서 그런저런 문제들로 애 아빠랑 다투다가 하염없이 눈물을 흘리며 슬퍼했는데 그게 깨고 보니 꿈이었더라구요."

그녀는 작은 식당을 운영 중이라고 했다. 식당 일을 해나가기만 도 힘에 겨울 텐데 아들로 인해 마음이 그토록 괴로운 상황이라니 안타까웠다. 꿈속에서 남편과 다투며 서로에게 상처를 주는 거친 말을 많이 주고받았을 것이다. 비록 꿈속이긴 해도 얼마나 고통스러우면 그리 심하게 울었을까. 거센 풍파가 몰아쳐오는 바다 위의 조각배 한 척처럼, 신산한 삶 앞에 홀로 서 있는 것 같은 그녀의 절망감이 전해져왔다. 그러나 그 속에서 오히려 솟구치는, 생을 붙잡으려 하는 그녀의 강인한 의지를 느꼈다. 비록 눈에는 큰 위기가 찾아오고 말았지만.

환자를 내보낸 후 내게도 슬픈 꿈에 대한 기억이 있나 돌이켜 보았다. 돌아가신 어머니가 내 앞에서 서성거리던 꿈이 떠올랐다. 어머니를 만나 너무도 반갑고 뭐라 말하기 어려울 정도로 기쁘고 가슴이 설레는데 아무 표정이 없었던 어머니……. 내가 방으로 들어가자고 해도 자꾸만 부엌 언저리에서 머물려 하며 뒤뜰을 거닐기만 하더니 끝내 어디론가 홀연히 떠나버리고 말았다. 어머니의 얼굴과 눈빛은 어둡고 쓸쓸했다. 그렇게 아쉽게 헤어지고 나서 꿈에서 깨어나 가슴 시려하며 눈물을 훔치던 어린 시절이 떠올랐다.

인생 자체가 슬픈 꿈인지도 모른다. 아름다움도, 사랑스러움도, 고매한 인격도, 감동도, 정열도, 빛나는 성취조차도 무심한 시간의 흐름 속에 빛이 바래면 그뿐, 돌이켜보면 서글픈 꿈처럼 아련해지고 마는 것이다. 기뻐하며 행복해하기도 하고 때론 괴로움과 아픔도 겪지만 그 모든 일의 결국은 슬픔인 것이 인생이 아닐까. 깨고 나면 더 없이 허전하고 슬픈 그런 꿈……. 이로 인해 비탄에 잠기게 되는 우리의 마음은 어디에서 위로와 소망을 얻을 수 있을까.

며칠 후 그녀가 훨씬 쾌활해진 표정으로 진료실을 방문했다. 마치 비가 온 뒤의 상쾌한 아침 하늘처럼 얼마 전의 음울한 분위기는 말끔히 가셔 있었다. 눈 상태도 많이 좋아졌다. 다행히 치료에 반응이 좋아 잘 회복하고 있었다. 눈 속이 맑아졌고 염증의 기미도 찾아보기 어려웠다. 눈 안으로 투명하고 신선한 빛줄기가 드나들고 있었다.

환해진 그녀의 표정과 얼굴을 보니 내 마음의 창문에도 밝은 햇살이 비추는 듯했다. 슬픔과 우울은 저 멀리 던져버린 채 그녀와 함께 안도하며 기뻐했다. 의사로서의 진정한 행복이란 이렇게 환자와 함께 기뻐하는 순간이 아닐까 하는 생각이 들었다.

"선생님! 감사합니다. 안녕히 계세요."
"네. 앞으로도 눈 관리 잘하시고 조심하셔야 해요. 그리고 이젠 더 이상 슬픈 꿈은 꾸지 않으시길 바랍니다."

　그녀는 대답 대신 밝은 미소를 지은 후 사뿐히 일어섰다.

정찬경

2013년 《한국수필》 등단
한국PEN클럽 회원
저서: 수필집 《아플 수 있어서 다행이다》 《눈.빛.사랑》
oculajck@hanmail.net

어머니 어머니
나의 어머니!

안광준

어머니께서 99세를 일기로 돌아가셨다.

장례 예식을 식순에 따라 진행하는 동안에도 나의 마음은 아련히 저려 왔다. 나의 두 눈에는 눈물이 소리 없이 계속 흘러내렸다.

임종하시기 2년 전까지 어머니는 아파트 자택에서 거주하셨다. 매일 어머니를 돌봐 주시는 도우미 아주머니는 우리에게 항상 얘기하곤 했다.

어머니께서는 몸가짐이 깨끗하시고 정결하셨으며 연로하신 노인들에게서 나는 특유의 몸 냄새가 전혀 나지 않으셨다. 예의범절이 바르셨고 항상 손님 접대를 융숭히 하셨으며 얼굴 용모가 연세에 어울리지 않을 정도로 아름다운 분이셨다.

"어머니"하고 부르면 맑고 온화한 모습으로 웃음을 가득 띠시며 지금이라도 "우리 광준이 왔나! 어데 몸 불편한 데는 없제? 성모, 창

모 애들 내외는 다 잘 있나?" 하시면서 내 앞에 홀연히 나타나실 것만 같다. 우리 형제 오 남매(삼남 이녀) 중에서도 둘째 아들인 나를 가장 사랑해 주셨다.

　우리 어머니는 돌아가시기 전에 미리 자기의 죽음을 준비하셨다. 연초록, 연노랑 색깔의 비단옷으로 고운 수의를 마련하셨고 시집올 때 가져오신 외할아버지께서 직접 써 주신 사주와 귀한 글귀 그리고 애장품들을 꽃무늬 수 놓인 아름다운 함에 넣어 보관해 오셨다.

　우리 외갓집은 큰 부자였으나 어머니는 항상 근검절약하며 부지런하셨다.

　돌아가신 다음 날 입관 예식이 진행되는 동안 장례지도사는 어머니의 팔과 다리 위에 유족들의 손을 올리라고 하셨다. 그리고는 유족들 한 사람씩 돌아가며 각자 하고 싶은 작별 인사말을 하라고 권유했다.

　나는 살아계실 때 미리 준비해 둔 깨끗한 비단 수의를 입고 계신 어머니 팔에 나의 두 손을 올려놓고 기도하듯이 말했다.

　어머니는 밝은 모습으로 웃고 계셨다.

　어머니! 어머니! 감사합니다. 고맙습니다! 저희 5남매들을 잘 키워주셔서 정말 감사합니다. 저희는 어머니를 잘 보살펴 드리지 못한 불효를 저질렀지만 어머니께서는 하늘나라 천국에 가셔서 편안히 쉬시옵소서. 이미 하늘에서 기다리고 계신 아버지와 함께 천국에서 만나셔서 아무런 고통과 번민 없이 평온히 지내시옵소서

　하나님 아버지! 우리 어머니를 꼭 천국으로 인도해 주시옵소서.

어머니! 하늘나라 천국에서 저희가 이 땅에서 살아가고 있는 모습을 웃으시며 지켜봐 주시옵소서.

어머니! 어머니! 나의 어머니! 안녕히 천국으로 가시옵소서!

어머니께 마지막 인사말을 올리는 동안 나의 두 눈에는 눈물이 줄줄 흘러내렸다.

입관한 다음 날 새벽 5시 발인 예식을 거행한 후 어머니 영정을 모신 영구차가 화장장으로 향했다. 화장장으로 가던 도중에 어머니가 사시던 H 아파트 104동 앞에 잠시 운구차가 머물렀다.

어머니! 여기가 어머니가 사시던 곳입니다. 마지막으로 한번 둘러보고 떠나시옵소서

나의 마음이 아련히 저려 오며 눈물방울이 조용히 흘러내렸다.

어머니! 어머니! 안녕히 가시옵소서.

드디어 화장장에 도착했다. 어머니의 육신이 불에 태워져 우리 곁을 떠나기 시작했다. 대략 한 시간 사십 분 정도의 시간이 지난 후 어머니의 시신이 타고 남은 회색의 잿가루가 우리 유족들 앞에 나타났다. 어머니의 몸체는 이제 우리 앞에 다시는 보이지 않는다. 한 봉지의 잿가루만 남겨 놓은 채.

어머니! 인생이 참으로 허망합니다. 너무 쓸쓸하고 허전합니다.

어머니께서 떠나시니 저의 나이 70인데도 고아가 된 것처럼 외롭습니다.

어머니!

이제 남은 저의 인생살이 물 흐르듯 순리대로 살아가겠습니다.
어머니!
욕심내지 않고 무리하지 않고 바르게 겸허하게 살아가겠습니다.

어머니! 어머니! 안녕히 천국으로 가시옵소서. 아멘!

안광준

1999년 《월간 한국시》 4월호 수필부문 등단
대한산부인과학회 부회장 역임
현) (직)대한산부인과의사회 고문,
현) 아시아드요양병원 진료원장
christianahn@daum.net

2023 한국의사수필가협회 공동수필 제15집

별을 위한 시간

오늘 하루 웃고, 오늘 하루 배부르며

우리의 관계

원조의 퇴장

의사(醫師)의 선물

잘한다, 잘한다, 자란다

4부

의사의 선물

오늘 하루 웃고,
오늘 하루 배부르며

김철환

47세 여자 환자다. 안면 근육이 모두 마비되어 버린 듯 표정이 전혀 없다. 눈동자는 초점을 잃고 흔들린다.

좌측 가슴 위쪽이 칼로 도려내듯 아프다고 한다. 그런데 그 부위가 퍼렇게 멍이 들어 있다. 가슴이 아프고 답답하면 주먹으로 아픈 곳을 내리쳤다고 한다. 통증이 느껴지지 않을 때까지 수많은 밤을 쿵쿵 주먹질하며 견뎠다는 것이다.

그녀는 지난 5년간 두 아들을 캐나다 공립학교에 유학 보내면서, 남편과 떨어져 홀로 아이들을 뒷바라지하며 지냈다.

시부모는 손자들의 미래를 위한다며 캐나다 유학을 결정했고, 일방적으로 그녀를 캐나다로 딸려 보냈다. 그동안 남편은 기러기 신세를 못 견디고 젊은 여자와 바람을 피웠다. 때마침 폐경도 빨리 시작되었다. 관절 마디마디가 끊어질 듯 아팠고, 얼굴은 불이 나듯 따가웠다. 추운 날씨에도 더위를 못 참고 창문을 열면 아들들은 인상을 찌푸렸다. 결국, 가슴의 통증과 불면증, 우울증까지 심해져 어쩔 수 없이 귀국하게 된 것이다.

아프고 멍든 좌측 가슴 부위를 손끝으로 조심스레 만져보니 유방 상방 외측에 제법 크고 딱딱한 종괴가 느껴졌다. 유방암이 의심되었다.

"아직은 아무것도 모르는 일입니다. 우선 정확하게 검사부터 해 보셔야 합니다"

검사조차 거부하는 그녀를 겨우 설득해서 근처 대학 병원에 보냈고, 검사 결과는 유방암이었다. 다행히 아직 주위 조직으로 전이는 안 된 상태였다.

수술을 위해 입원하기 전날 그녀가 찾아왔다. 유방 조영촬영 사진을 보여 주었다. 까만 하늘에 먹구름 같은 암 덩어리가 피어난 것이 보였다. 그녀의 절망과 고통이 암 덩어리에 쌓이고 뭉쳐져 있었다.

그녀의 절망과 고통의 시작은 강요된 결혼이었다.

시아버지는 강원도에 큰 목장을 소유한 부자였고, 친정아버지도 한때는 석탄 광산의 관리자로 떵떵거리며 살았다. 두 아버지는 둘도 없는 초등학교 동창 친구였다.

그러다 광산 갱도가 무너져 광부들이 죽는 큰 사고가 나고 아버지는 그 책임을 지고 회사를 그만두셨다. 그 후 집안 형편이 급격하게 어려워졌다. 아버지는 부자 친구의 아들을 사위로 들이고 싶었다. 전혀 사랑하지 않는 남자였지만 아버지의 강권을 물리칠 수 없었다. 결국, 모든 걸 포기하고 어린 나이에 결혼했다.

하지만 남편은 그녀를 새장에 가둔 새처럼 옴짝달싹 못하게 감시하고, 술만 마시면 집안 물건을 부수고 주먹질을 하는 의처증에 알코올 중독자였다.

강물에 뛰어들어 죽으려고도 하고, 서울 사는 친구 집으로 도망가서 숨어 지내다 남편에게 붙들려 오기도 했다. 내내 이혼을 결심하고 실행하려 했었지만, 결혼한 지 딱 2년 만에 아버지가 갑자기 뇌출혈로 쓰러져 돌아가셨다. 그 후로는 이제 죽고 도망가고 숨을 수도 없었다.

"이게 제 인생과 고통의 마지막 순간이었으면 좋겠어요. 차라리 수술대에서 깨어나지 않았으면…."

그녀는 두 손으로 얼굴을 감싸 쥐고 입을 틀어막으며 오열했다. 가슴이 먹먹해져 나도 할 말을 잃었다. 그녀의 흐느끼는 어깨를 묵묵히 다독여 주었을 뿐이다.

그 후 6개월이 지났다. 다행히 수술 경과는 좋았다.

그녀는 항암제를 주입하기 위해 어깨 혈관에 연결된 기구(chemoport)를 소독하고 관리하러 정기적으로 찾아왔다. 그때마다

목과 어깨를 짓누르는 통증이 있어서, 가는 바늘로 경직된 근육을 찌르고 이완시키는 치료(IMS, Intramuscular Stimulation)를 받았다.

바늘이 병든 근육 조직을 통과하며 내는 우지직 소리에 소름이 돋았다. 그녀는 극심한 통증이 있었을 텐데도, 울음을 삼키며 미동도 없이 참아 냈다.

긴 투병과 고통의 시간이 흐르자 어느덧 암세포는 사라지고 통증도 가라앉았다. 그녀의 표정도 조금씩 밝아지고, 희망을 되찾아 가고 있었다.

모든 치료가 끝나갈 즈음, 드디어 남편과 이혼했다.

이제 평생을 안타깝게 지켜봐 주고 믿어주시던 어머니가 그녀를 품어 주었다. 인천 소래 포구 근처에 어머니와 함께 새 보금자리를 얻었다. 햇살 좋은 가을날이면 어머니와 마당에 앉아 낙지젓, 갈창젓, 명란젓을 담그며 웃음을 되찾았다. 잘 익은 간장 게장에 김이 모락모락 나는 하얀 쌀밥을 비벼 먹으며, 제대로 배가 부르고 가슴이 따뜻해졌다.

그녀는 이제 너무 멀어져 다시 오기 어려울 것 같다며 직접 담근 젓갈들을 선물로 가져왔다. 그리고 깊은 속내를 전해 주며 씩씩하게 진료실을 나갔다.

"지옥 같은 시집살이와 결혼 생활을 견딘 건 두려움 때문이었습니다. 누군가를 다시 잃고 가난해지는 것이 무서웠습니다. 그래서 남편과 아들, 시댁에 집착하고 순종했습니다. 하지만 이게 제 가슴에 암 덩어리를 키웠습니다. 이제는 오늘 하루 웃고, 오늘 하루 배부르며 살 겁니다."

그녀는 한쪽 유방을 잃고서야 죽어가던 삶을 멈추고 진실한 관계와 기쁨을 되찾을 수 있었다. 가슴 한쪽에 커다랗게 남은 암 수술의 흉터는 지혜와 자유의 표식이 되어 그녀가 길을 잃지 않도록 도와줄 것이다.

나도 그녀가 가져다준 달콤하고 짭짤한 낙지젓에 따뜻한 흰 쌀밥을 비벼 배불리 먹으며, 사랑하는 사람들과 함께 맘껏 웃고 싶어졌다.

김철환

전남대학교 의과대학 졸업
가정의학과 전문의
평택 새서울의원 원장
제10회 한미수필문학상 우수상
제11회 한미수필문학상 대상
doctor114q@gmail.com

우리의
관계

여운갑

"우리가 어떻게 아는 사이지요?"

조심스럽게 다가와서 물어보는 아저씨의 말이었다.

내가 동네병원을 지금 자리에 개원한 지 여러 해가 지났다. 시냇가의 늘어진 버드나무에 흐르는 물줄기가 끊임없이 스쳐 지나가듯이 그동안 많은 사람들이 우리병원에 발자국을 남겼다. 병원 근처의 주택가에는 많은 분들이 이사를 오고 떠나기도 하였다. 마을에서 안면이 있는 사람은 최소한 한 번 이상은 환자나 보호자로 우리병원을 방문했을 것으로 생각되기 때문에, 만나면 먼저 고개를 숙이게 되는 경우가 많다.

그날도 점심시간을 이용하여 은행에 갔다가 낯익은 얼굴이 있어 먼저 인사를 하였더니 황급히 답례를 한 후 나에게 하는 질문이었다. 불확실성의 시대를 사는 보통 사람들의 불안함의 표현으로 보였다.

　내 집 근처에는 야산이 있다. 토요일 오후에 오르는 곳으로 산 밑에는 주민들을 위하여 넓게 주차장이 잘 조성이 되어 있다. 지난여름 며칠 동안 집중 폭우가 내린 후 바로 삼복더위가 이어졌다. 산에 오르기 위해 주차장을 가로지르며 바라보니 콘크리트 바닥에서 뜨겁게 열기가 발산되어 광야 사막보다도 황막했다. 그런데 그곳을 길 잃은 지렁이들이 힘겹게 기어가는 것이 보였다. 비가 많이 내린 날에 몸으로 호흡을 하기 위하여 밖으로 나왔을 것으로 생각되었다. 비가 그치면 원래의 그늘 아래의 흙 안으로 들어가야 하는데 그러지 못한 많은 수의 지렁이들이 주차장 한가운데 고립이 되어 죽어서 말라 있고, 일부는 건조한 열기에 죽기 직전의 몸부림으로 힘겹게 꿈틀거렸다. 혼자서 아무리 힘을 써 봐야 넓고 넓은 주차장을 가로지르거나 돌아오는 것은 불가능했다. 도움을 주는 이가 없으면 똑같이 죽어서 주차장 바닥에 버려질 것으로 보였다. 주차장을 청소하는 분이 빗자루로 사정없이 쓸어다가 쓰레기통에 매몰차게 처넣는 일만 남은 상태였다.

　지렁이는 유기물을 섭취하여 영양분을 생성하므로 땅을 기름지게 만든다. 또한 땅에 구멍을 내어 지면의 통풍을 원활하게 만든다. 즉 나무나 풀이 양분을 먹고 숨 쉬는 여건을 만든다. 그런데 이 지렁이가 피부 호흡을 하기 때문에 습도가 중요할 수밖에 없다. 지렁이가 살 수 있는 알맞은 습도와, 그에 필요한 아늑한 그늘은 나무와 풀이 만들어 준다. 수풀과 지렁이는 상부상조하고 있다.

지렁이가 습기와 그늘이 있는 숲을 나오자마자 주차장을 만났다. 숲보다는 깨끗하고 환하게 잘 정리된 것 같지만 이들에게는 오아시스 없는 사막이 되었다. 즉 더불어 같이 사는 나무와 풀이 있는 곳을 떠나자 뜨겁고 황량한 시멘트 바닥만이 다가온 것이었다. 그곳에서 숨넘어가기 직전의 외로운 사투를 벌였다. 몸부림치는 모습이 하도 안쓰러워 가지고 있던 등산용 스틱으로 한 마리씩 얹어다가 수풀이 있는 곳으로 옮겨주었다. 그리고 말했다.

"너희들이 살 곳은 여기야, 주차장으로 나오지 말거라."

지난 3년간은 코로나 사태를 겪었다. 환자가 최고 정점인 시기에 명동과 대형 백화점에 간적이 있다. 코로나 이전에는 사람들이 와글거리며 밀려다녔던 곳이었다. 그 넓은 거리나 매장에 근무 직원만이 서성거리고 일반 손님은 한두 사람만이 썰렁하게 움직였다. 영화에서 보았던 핵전쟁을 하고 난 후의 도시의 피폐함이 느꼈다. 쇼핑의 즐거움은 물건을 사는 것 외에 다른 것이 있다. 즉 사람 구경을 하고 그들과 부딪히면서 삶의 에너지를 얻는 것이다. 그런데 이것이 없어지자 아무런 활기를 느낄 수가 없게 되었다.

관광지나 유원지도 가 보았다. 인파로 북적거려야 경치 구경이나 휴식 공간으로서의 흥이 났다. 그곳을 향해 차가 몇 시간씩 막히고 통제되는 교통을 뚫고 가서, 또다시 줄 서서 차례를 기다리기도 하였다. 많은 시간을 소비하고 옆 사람과 부딪치는 불편을 감수했지만 직접 현장에서 체험을 하려 했다. 몸으로만 느낄 수 있는 경험이 있기 때문이었다. 인산인해를 이루면 서로에게 활력을 주는 줄 모르면서 주고, 받는 줄 모르면서 받았다. 그런데 사람들이 없으니 경치 구경보다 더 중요한 사람 구경을 할 수가 없었다. 단순히 황무한 사진 속의 풍경으로 전락하여 생동감이나 역동성을 찾을 수 없게 된 것이었다. 지렁이에게 다가온 황폐한 넓디넓은 주차장과 다를 바가 없었다. 아련하게 군중의 법석거림이 귓전에 들릴 뿐이었다.

은행에서 나에게 묻는 아저씨에게 대답하였다.
"저는 이 앞의 병원 원장이에요."
"아! 예, 원장님."
잔뜩 주의를 기울이던 아저씨가 얼굴을 환하게 펴며 반갑게 말씀하셨다. 넓은 창을 통하여서 싱그러운 햇살이 쏟아져 들어와 공간을 가득 채웠다.

여운갑

사랑의가정의학과의원 원장
2014년 《에세이문학》 등단
보령의사수필문학상, 한미수필문학상 수상
yeowk211@hanmail.net

원조의
퇴장

조
광
현

　최근 개최된 인제학원 이사회에서 82년의 역사를 지닌 서울백병원의 '폐원 안'이 가결됐다는 소식을 들었다. 한때 서울 도심의 종합병원으로 시민의 사랑을 많이 받던 병원이 문을 닫는 이유는 오랫동안 누적된 적자 때문이라 한다. 이 병원은 내가 정년퇴직할 때까지 근무한 부산백병원의 모체가 되었던 병원이라, 폐원에 관한 소식을 들으니 마음이 심란하고 자꾸 옛 생각이 난다.

　1981년 5월 군 복무를 마친 나는 인제대학교 부산백병원에 취직했다. 수련의 시절과 군의관으로 근무한 때를 제외하고는 생애 처음으로 취직한 곳이다. 당시 병원은 개원한 지 3년이 채 안 된지라, 한창 성업 중이던 서울백병원에서 파견한 직원이 많았다. 그들 중엔 끝내 복귀하지 않고 부산 사람이 된 이도 더러 있었으니, 서울병원이 부산병원의 탄생과 성장에 많은 공헌을 한 셈이다.

내가 일한 흉부외과는 근년 들어 심장혈관흉부외과라고 이름이 변경됐지만, 예나 지금이나 2분야로 나뉜다. 일반 흉부질환을 다루는 쪽과 심장과 혈관질환을 다루는 쪽이다. 처음 수년 동안 나는 흉부질환(폐, 식도, 가슴막 등) 환자를 담당하기에도 벅찼다. 한편, 하고 싶었던 심장 수술은 엄두도 못 내는 형편이라, '반쪽 전문의'라는 자괴감이 들곤 했다. 심장 수술을 하는 의사가 되겠다던 애초의 뜻을 이루지 못할 바에야, 차라리 다른 길로 가볼까 하는 마음이 들기도 했다.

방황하던 1983년 초엽의 어느 날. 수술실에서 일하고 있는데, 의료원장이 급히 찾는다는 연락을 받았다. 갑자기 무슨 일이지? 수술을 마무리하자마자 원장실로 곧장 갔다. 당시 의료원장은 인제학원 설립자인 백낙환 박사였다. 외과 의사였던 그분은 훗날 인제대학교 총장에 이어 인제학원 재단 이사장을 오래 역임하면서 대학과 병원 발전에 크게 공헌하셨다. 그분이 특유의 조용하고 엄중한 어조로 내게 물었다.

"조 교수, 우리 병원에서 심장 수술을 할 수 있겠소?"

"예?"

뜻밖의 질문에 깜짝 놀랐다. '심장 수술'이란 말에 순간 솔깃했지만, 곧 한숨이 나올 정도로 마음이 무거워졌다. 당시 수도권과 일부 지방 대학병원에서 개심술(開心術)을 실시하고 있었지만, 우리 병원은 전혀 준비가 안 된 상태라 완전히 풀이 죽어 대답했다.

"우선 많은 시설과 장비의 보충이 필요할 것입니다. 또한 집도할 수 있는 의사가 있어야 합니다. 저는 아직 능력이 없어서 누구를 초빙하신다면 열심히 보좌하겠습니다."

잠깐 뜸을 들인 후 그분이 전혀 상상도 못 한 제안을 했다.

"조 교수, 이 일을 당신이 해 주길 바라오. 내가 외과 의사이니까 잘 알아. 당신이 할 수 있어. 당장은 어렵겠지만, 수년 안에 할 수 있도록 추진해 보시오. 내가 도와주겠소!"

다시 한번 깜짝 놀랐다. 그 순간 34세 청년의 가슴에 거대한 폭풍우가 휘몰아쳤다. 항상 뿌옇고 불안하기만 했던 그의 길에 희미하게나마 이정표 하나가 서는듯했다. 심장외과 의사가 되는 길이었다.

이듬해 나는 일본으로 심장외과학 연수를 떠나게 됐다. 멀리 미국이나 캐나다로 가고 싶었지만, 가까운 일본으로 가는 것이 훨씬 효율적일 거라고 말하는 선배가 있었다. 지금은 그렇지 않지만, 당시의 일본 의료는 우리보다 많이 앞서 있었다. 그분의 고언을 받아들인 것이 참 다행이었음을 훗날에야 알았다.

1984년 5월 25일쯤으로 기억한다. 외국 여행이 쉽지 않던 시절에 간신히 일본영사관에서 장기비자를 발급받아, 국제선 비행기를 처음 탔던 그날. 잔뜩 긴장한 채 가까스로 짐을 챙겨 후쿠오카 공항의 입국 로비로 나와, 마중 나오기로 한 사람을 찾아 두리번거렸다. 누군가 내 이름 판이라도 들고 있으려니 했는데, 그런 사람은 보이지 않았다. 초조하게 기다리길 10여 분, 한 사람이 손을 흔들며 다가왔다. 그리고 영어로, '닥터 조'가 맞느냐고 물었다. 나는 놀라 되물었다.

"어떻게 나를 알아보았나요?"

그는 환하게 웃으며 손에 쥐고 있던 사진을 보여주었다. 이력서에 붙여 보낸 것을 크게 확대한 것이었다. 알고 보니 이소무라 선생은 내가 일한 제2 외과에서 영어를 잘하는 사람으로 정평이 난 분이었고, 외국인 마중을 도맡아 한다고 했다.

인구 50만의 쿠루메(久留米) 시는 승용차로 1시간 거리에 있었다. 이 작은 도시에 연간 500 례 이상의 심장 수술을 하는 쿠루메 대학 병원이 있다는 사실이 놀라웠다. 운전대를 잡은 이소무라 선생과 영어로 대화를 시작했지만, 곧 일본말로 옮겨갔다. 일본에 체류하는 동안 나는 영어와 일본어를 마구 섞어가며 의사 표현을 했는데, 실은 둘 다 능숙하지 못한 탓이었다. 그래도 내 말뜻을 잘 알아주는 그들이 고마웠다. 사람들은 "조 선생의 일본어가 따로 있어!"라며 웃곤 했다.

처음 제2 외과의 수장인 고가(高賀) 교수의 연구실에 들어갈 때 가슴이 마구 두근거렸다. 수인사가 끝난 후 교수께서 무엇을 하고 싶은지 물었을 때, 개심술에 필요한 지식과 기술을 충분히 익혀서 돌아가고 싶다고 말했다.

"조 선생, 염려 마시오. 직원들이 많이 도와줄 거요. 나도 돕겠소!"

일본에서는 교수의 권위가 하늘을 찌를 정도라는 말이 있는데, 너무나 소탈해 뵈는 분이라 적이 안심했다.

며칠 후 회진 시간에 교수가 날 더러 자기 옆에 서라고 했다. 병상을 중심으로 30여 명의 의사와 간호사가 둘러서고, 주치의가 환자

상태를 설명하는데, 처음엔 겨우 알아들을 듯 말 듯 했다. 그러나 차츰 익숙해졌고, 나는 항상 교수님의 바로 옆에서 많은 것을 보고 듣고 배웠다. 사실 교수님이나 상급 의사들이 나에게 아무것도 시키지 않으면 어쩌나 했는데, 그것은 기우에 불과했다. 2주일의 관찰 기간이 끝나자, 바로 수술실과 중환자실에 배치되어 일하기 시작했다.

어렵사리 연수를 마치고 귀국한 나는 재단과 병원의 적극적 뒷받침으로, 필요한 시설과 장비를 정비하고 필요 인원을 보충하여 비교적 튼실한 '개심술 팀'을 구성할 수 있었다. 그리고 귀국한 지 8개월 만에 첫 개심술에 성공했다. 1990년대 들어서는 매년 200~250 례의 개심술을 실시할 수 있었다. 개심술이 본궤도에 오른 후에 미국 피츠버그로 건너가 심장이식 수술을 공부하는 기회를 얻었다. 하여 1997년 8월 심장이식 수술에도 성공했다. 그때 크게 기뻐하시던 이 사장님 모습이 눈에 선연하다. 어른은 내 인생 최고의 멘토였고 후원자였다. 참으로 부족한 나를 끝까지 믿고 성원해 주신 은혜를 잊지 못한다. 모파상의 『여자의 일생』에 다음과 같은 좋은 글귀가 있다.

'농부가 씨를 뿌리듯이 그는 어디에서나 추억의 씨를 뿌리는 중이다. 죽는 날까지 스러지지 않을 추억의 씨를.'

백 이사장님 덕택에 나는 지난 30여 년을 심장 수술하는 의사로 일하다가 정년퇴임을 했다. 때로는 실패했고 더러는 좌절했지만, 그 시절이 나에게는 평생 잊지 못할 추억의 씨를 뿌리던 나날이었다. 그 추억 속에 항상 그분이 웃고 계신다.

어른께서는 생전에 병원의 기능 축소나 폐원에 반대하는 뜻을 고수하셨다.

"원조(元祖) 병원이 어려우면 재단 산하의 형제 병원들이 당연히 도와야지. 서울백병원이 우리 재단의 모체인데, 어떻게 문을 닫겠어!"

서울백병원은 당신의 분신이라고도 하셨다. 우리는 모두 그분의 뜻을 존중했다. 그런데 2018년 향년 92세로 어른이 유명을 달리하자 많은 것이 변하고 말았다. 믿었던 후진들은 당신께서 주창하신 창업정신, 즉 인술제세(仁術濟世) 정신을 깡그리 잊어버린 듯하다. 한편 많은 직원과 교수들이 반대의 목소리를 내고 있다고 한다. 기존 병원의 틀에서 벗어나, 공공의료 서비스 기관이나 외국인에 특화된 '글로벌 K 메디칼 허브'를 구상하자는 제안도 나왔다.

인제학원 설립의 원조 어른이신 백낙환 이사장님, 재단 병원의 원조인 서울백병원. 두 원조의 퇴장으로 혹여 어른이 이곳에 남긴 많은 업적이 빛바래지지 않을까 걱정이다. 세상에 영원한 것은 아무것도 없다고 하지만, 원조의 퇴장은 참 안타까운 일이다.

조광현

온천 사랑의요양병원 병원장, 인제대학교 명예교수
2006년 《에세이스트》로 수필, 《미네르바》로 시 등단
《에세이스트》 올해의 작품상 3회(2011~2013)
《한국산문》 문학상(2013), 정경문학상(2015) 수상
《에세이스트》 작가회 회장, 부산의사문우회 회장 역임
전)한국의사수필가협회 회장, 영호남수필문학협회 부산회장
저서: 시집 《때론 너무 낯설다》 수필집 《제1 수술실》 《그는 왜 오지 않는가》
dr-khcho@hanmail.net

의사(醫師)의 선물

정경헌

　진료를 하다 보면 유난히 정(情)이 가고 특별히 더 잘해주고 싶은 환자가 있다. 그런 환자가 잘 나으면 더할 나위 없이 좋지만, 결과가 나쁘면 마음이 훨씬 더 아프다. 환자가 바라는 것을 알기에 의사로서 해주지 못할 때의 안타까움은, 부모가 자식에게 또는 연인 끼리에 비할 바는 아닐지라도 상당히 깊고 오래 지속된다.
　특히 환자의 생명이 위태로울 때는 더 힘들다. 그리고 생명을 놓칠 것 같은 불안감이 엄습하면 지푸라기라도 잡는 싶은 마음으로 뭐라도 해주려고 전전긍긍하게 된다. 환자를 더 이상 치료할 게 없어도 생명이 다하는 마지막 순간까지 함께하고 싶어지기도 한다. 그런 때에는 환자의 마음이라도 달래고 싶은 마음에 물질적인 선물까지도 하고 싶어지곤 했다. 그러나 그것은 보편적이지도 않고 뭔가 어색하고 당당하지 않은 일이었다.

아내가 쿠션을 사 왔다. 눈길을 끄는 것은 쿠션에 그려진 그림이었다. 우리나라 사람들이 좋아한다는 스페인 화가 에바 알머슨의 작품이었다. 거기에는 눈을 감은 채 상기된 붉과 들뜬 표정으로 무언가를 잔뜩 기대하는 젊은 여인이 크게 자리하고 있었다. 머리에는 마치 꽃으로 파마한 것처럼 붉은색 분홍색 등 따뜻한 색깔들의 꽃들을 풍성하게 이고 있었다. 행복해 보이는 여인의 얼굴이다. 내일의 행복을 기대하며 편안하게 잠들 수 있는 얼굴이다. 그 그림을 쳐다보고 있는 나도 행복해지는 것 같았다. 그림에 흠뻑 빠져든 나는 갑자기 이 쿠션을 선물하고 싶은 사람이 떠올랐다. 그는 행복하게 잘 살다가 최근에 건강이 급속히 나빠지면서 잠을 못 자고 죽고 싶다고 말할 정도로 우울감에 빠져 있는 환자다. 정기적으로 왕진하고 있는 환자 중 한 명이다. 그녀는 80세지만 60대 초반으로 젊어 보이고 머리에 보라색이나 잿빛 색깔로 물들여도 하나도 촌스럽지 않은 멋쟁이 할머니다. 30대에 혼자되어 삼 남매 자식들을 잘 키워냈고 자식들 모두 어머니에 대한 사랑이 극진하다. 그 자식들에게 받은 선물도 있거니와 죽고 싶다는 말만 하는 환자에게 기분을 바꿔줄 만한 것을 찾고 있던 참이었다.

나는 아내를 앞세우고 고속터미널 지하상가에 급히 갔다. 아내가 사 온 것과 똑같은 것을 사면서 자연스레 다른 물건들에도 눈길이 갔다. 푸른색 긴 수건이 한눈에 들어왔다. 주치의 때 기억이 예리하게 스치며 아프다.

30여 년 전 얘기다. 백혈병으로 처음 진단되어 입원 치료를 받았던 50대 초반의 여자 환자였다. 예후가 무척 나쁜 케이스였지만 혹시나 하는 마음으로 항암제를 썼는데 반응이 생각보다 나빴다. 그럼에도 불구하고 환자와 번갈아 가며 병실을 지킨 두 딸은 밝게 웃으며 고맙다고 했고 나에게 짜증 한번 내지 않았다. 그래서 더 미안했고 더 잘해주고 싶었지만 사실 제대로 된 치료랄 것도 없었다. 당시에 우리 병원 내과 주치의는 365일 동안 환자를 돌봤고 일 년에 딱 3일 휴가를 받았다. 휴가를 떠난다고 말하기가 미안했지만, 혹시라도 휴가 중에 사망하게 될까 봐 인사라도 하고 가려고 환자를 찾았다. 다른 선생님이 잘 돌볼 거라며 얘기하는 순간에 딸이 가운 주머니에 순식간에 봉투를 넣었다. 손이 어찌나 재빠르던지 뿌리칠 타이밍을 놓쳐 버렸다. 당시에는 촌지를 받는 경우가 있었는데, 불문율 중 하나가 상태가 나쁜 환자에게는 받지 않는 거였다. 약소하다고 했지만 무거운 돌덩이 같은 봉투를 들고 있다가 휴가 마지막 날에 푸른색 긴 수건을 샀다. 다행히 환자는 휴가 기간에도 잘 버티고 있었고 그 후로도 잘 버텨 주었다. 내과 주치의는 파트별로 돌면서 근무하기에 나는 얼마 있다가 다른 파트로 옮기게 되었다. 1주쯤 지났을 때였을까. 중환자실에서 다른 환자를 돌보던 나는 한순간에 얼어붙고 말았다. 내가 사준 수건을 덮고 중환자실을 떠나는 환자를 보았기 때문이었다. 침대 모서리를 잡고 흐느끼며 뒤따르던 딸들과 유난히 푸르게 빛나던 수건. 수건 안에 숨겨져 있을 환자. 그 후로 한동안 푸른색 긴 수건을 보면 그 순간이 오버랩되곤 했었다.

그게 의사로서 환자에게 처음으로 준 물질적인 선물의 결과였다.

좀처럼 지워지지 않을 아픈 기억이다. 사실 이번 선물도 아픈 기억으로 남을지 모르겠다. 그러나 왕진을 갈 때마다 환자는 그 쿠션을 소파 등받이에 받치고선 내가 갈 때마다 웃는다. 고맙게 잘 쓰고 있다며 쿠션을 보여준다. 그리고 나는 처음 선물을 전달했을 때 눈가가 촉촉이 젖던 환자의 눈을 기억한다. 의사로서 딱히 해줄 게 없다는 것을 알았을까. 그래도 무언가 해주고 싶어 하는 내 마음을 읽었을까. 주치의 때의 그 백혈병 환자도 내 마음을 읽고서 수건을 잘 쓰고 있었고 마지막까지 내 선물과 함께 있었던 것은 아니었을까.

정경헌

2006년 《에세이문학》 완료 추천
한미수필문학상 1회, 2회 수상
현재 서울 강서구 정내과 의원 원장
taese2@hanmail.net

잘한다,
잘한다,
자란다

정명희

    파란 하늘이 드높다. 코스모스가 하늘거리는 길을 달리는데 지인이 기분 좋은 소식을 전한다, 행운이 찾아올 것이라고. 복권이라도 한 장 사보는 것이 어떠냐는 농담까지 섞어 웃음 이모티콘을 날렸다. 버려진 화분을 데려와 물을 주고 빛을 쬐며 정성을 들였더니 십 년이 되는 올해 드디어 행운목꽃이 피기 시작하더라는 것이다. 그러면서 사진까지 찍어 올렸다. 라일락꽃 향기와 비슷한 향이 코를 찌를 정도로 강렬하다더니, 수수처럼 맺히는 장면부터 불꽃처럼 터져서 벌어지는 장면까지 변화가 있을 때마다 실시간으로 보내온다. 덕분에 행운목에 대한 지식이 늘었다.

    원산지는 아프리카로 '키다리 식물(Cornstalk)'이라고 불린다. 성장은 매우 느린 편으로 15m까지 클 수 있다. 오랜 시간이 지나면 꽃이 피며 처음엔 분홍색을 띠다 점차 하얀색으로 변한다. 행운목의 꽃말은 '약속을 실행하다', 곧추선 줄기 하나에 옥수수처럼 생긴 잎들이 자라고 꽃들이 여러 덩이로 무리 지어 피는 공기정화식물이다.

때가 되면 움트고 어떠한 환경에서도 잘 자라나 꽃피우는 행운목을 보면서 내 진료실을 찾아오는 이들을 생각한다. 모든 꽃에 때가 있듯이 제때 자라서 각자의 꽃들을 잘 피워낼 수 있다면 얼마나 좋으랴.

키 작으면 도태된다고 생각하는 이들이 있는 것 같다. 키 작은 엄마의 키를 넘어설 수 있도록, 아빠보다는 더 클 수 있도록 하고 싶다며 매달린다. 몇 cm라도 더 키울 수만 있다면 어떤 일이라도 하겠다고 애원한다. 무슨 연유로 그리 다급해진 걸까?

초등생을 둔 한 지인이 항암 치료를 받았다. 병원에서 돌아와 보니 하나뿐인 아이가 짜증이 너무 늘어 말도 못 붙일 지경이 되었다면서 찾아왔다. 학교도 쉬고 아빠 손에 끌려 온 아이를 진찰해 보니 사춘기 단계가 머리로 가고 있었다. 변성기가 왔고 성호르몬도 분출되고 있었다. 또래보다 키는 작은데 몸은 이미 성숙해 버렸으니 그 사이 얼마나 많은 고민의 밤을 보냈을까. 어린 그가 감정의 파도를 어찌 이겨낼 수 있었겠는가.

아이 넷을 키우는 친한 후배는 고등학생 아들 이야기를 꺼냈다. 공부하느라 늘 열심인 형이 동생보다 키가 작은데 좀 도와줄 방법이 있느냐고 하소연했다. 진찰해 보니 이미 성장판이 다 닫혀가고 있었다. 여자는 초경이 빨라지면 안 될 것 같아서 때에 맞춰 진료받고 치료를 시작하였다. 한 번도 예약한 날짜와 시간을 어기지 않고 찾아왔다. 그런 아이 아빠였는데 아들에게는 너무 무심하였을까. 남자에게는 성조숙증이란 병이 없을 것이라고 굳게 믿었다고 했다. 급성장기도 거치지 않고 다 자라버려 작은 성인 키에 도달한 우등생 아들에 대한 후회와 자책으로 그는 얼마나 무너져 내리는지 비틀댄다. 공부 잘하는 아이라 늘 학원 수업으로 바빴다며 밤늦게까지 숙제하는 아이를 보면서 대견해했다고, 잠도 안 자고 책상에 붙어 앉아 있는 아이의 뒷모습이 너무 사랑스러웠다고 후회를 쏟아내었다. 언젠가는 크겠지, 크겠지. "잘한다, 잘한다, 자란다."라며 칭찬만 해주었다. 부쩍 자란 적도 없고 사춘기로 생각할 질풍노도의 시기도 없었으니, 단지 늦게 자라는 아이라고 생각했었다는 그 지인처럼 "늦게까지 클 수 있어요. 멋진 청년으로 자랄 가능성이 있어요."라고 말할 수 있으면 얼마나 좋으랴.

요즘 아이들의 키에 관한 관심도 커졌다. 키 성장과 성조숙증 검사하러 오는 이들도 부쩍 많아졌다. 키는 제때 검사해 보고 치료 시기를 놓치지 않는 것이 중요하다. 한 번의 키 검사로 안심하면 안 된다. 아이들의 키에 대한 가능성은 자꾸 변하기에 방학이면 한 번씩 점검해보는 것이 좋다. 성조숙증이 나타나면 키가 덜 자랄 가능성이 크다. 통상 여아는 만 10세에 가슴이 커지기 시작하고 남아는 만 12세에 고환이 커지는 방식으로 사춘기에 접어드는 이차성징이 시작된다. 이보다 빠른 성조숙증은 여아 만 8세, 남아 만 9세 전 이런 증상이 나타난 경우다. 성조숙증의 경우 사춘기가 빨리 시작되면 처음엔 또래보다 일찍 키가 커서 성장이 빠른 듯하지만, 뼈의 성숙이 빠르게 진행되고 성장판이 빨리 닫히게 되어 정상 사춘기 아이들보다 성인 키는 오히려 작을 수 있다. 성조숙증을 조기에 발견해 치료 주사를 맞으면 이차성징을 늦춰 성인 키가 작아지는 걸 예방할 수 있다.

결혼이나 취업할 때 키가 작아 부당하게 대우받을까 걱정하는 이도 있다. 작은 키에 대한 사회의 시선이 사람을 또 불편하게 만들지 모른다. 그렇더라도 내일에 대한 걱정일랑 잠시 접어두고 지금은 오롯이 행운목의 향기를 상상하며 행복을 느껴보시길, 우리 아이들 잘 살피고 많이 칭찬해 주며 잘 키워보시길. 간절한 마음으로 소망한다.

정명희

정명희소아청소년과 원장, 의학박사,
대구시의사회 논설위원, 대한소아과학회 환경분과위원
수필과 비평 신인상 수상
《수필문예》《청람수필》《영남수필》 회원
저서: 《꼭 붙어 있어라》《진료실에서 바라본 풍경》
《마음을 훔치는 배우》《복사꽃 오얏꽃 비록 아름다워도》
mhchung46@hanmail.net

2023 한국의사수필가협회 공동수필 제15집

별을 위한 시간

절정

정말로 좋은 세상

이슬방울처럼

쿵짜작 쿵작 카타르시스

튀르키예 지진지대에 나눈 인술

5부
이슬방울처럼

절정

신길자

봄비가 내리는 토요일 오전이었다. 봄비는 마술을 부린다. 비 한 번 내리면 새싹이 돋아나고, 비 한번 내리면 꽃들이 핀다. 토요일에는 병원에 출근하지 않아도 되고, 시간에 매이는 특별한 약속도 없어 나의 마음은 여유로웠다. 이화여대에서 정년퇴임을 한 우리 부부는 오랜만에 이화여대에 가보기로 하였다. 남편은 미국 유학을 마치고 이화여대 교수로, 나는 이화여대 학생으로 들어가서 3년 전에 정년퇴임을 하였다. 강북 강변도로에서 대흥역 쪽으로 나갔다. 왼쪽으로 새로 지은 아파트 단지가 죽 이어졌다. 마치 길을 잘못 들었나 할 정도로 낯설게 느껴졌다. 이대 입구 역으로 향해 갈수록 점점 익숙한 풍경과 마주하니 나도 모르게 안심이 되었다. 이윽고 이대 입구에 도착하였다. 이 길을 매일 같이 오갔던 시간들이 너무나 멀게 느껴져 이제는 기억조차도 가물가물하다. 저기는 공강이나 휴강 시간에 터줏대감처럼 친구들과 자주 가던 맥심이라는 다방이었고, 저기는 클래식 음악을 틀어주던 다방 빅토리아였고, 저기는 맛있는 떡집이 있었지. 엄마가 좋아하시던 두텁떡이 참 맛있었는데… 정문 바로 앞에 책방이 있었고, 그리고 이 층에 파리다방인가가 있었고 하는 사이 정문에 도착하였다. 정문 수위실을 통과하려니 자동차가 어느 쪽으로 진입해야 할지 잘 몰라서 남편이 우물쭈물 망설였다. 나는 옆에서 그냥 오른쪽으로 가보자고 했다. 그런데 진입하고 보니 그쪽은 정기차량이 드나드는 곳이었다. 소심한 나는 속으로 에쿠 잘못 들어왔구나 싶었는데 앞쪽에 정기차량이라고 쓰여진 녹색불이 들어오면서 자동차 번호가 떴다. 꼼꼼한 남편이 퇴임 시 받아둔 차량 등록 스티커 덕분이었다.

 눈앞으로는 진달래가 파노라마처럼 펼쳐진다. 사이사이 노란 개나리도 피어있고, 아직 새순이 돋지 않은 나무도 있고, 아가의 손 같은 연한 잎을 내민 단풍나무들도 보였다. 빗줄기는 어느새 점점 잦아들고 있었다. 뒤따라오는 차도 없어서 우리는 천천히 유람하듯 전진하였다. 내 눈앞에는 ECC(이화 캠퍼스 콤플렉스) 위로 정원이 펼쳐지고 있었는데 마치 무릉도원으로 들어가는 듯한 기분이었다. 입학처 앞 언덕에는 목련이 활짝 줄지어 피어있었다. 사이사이 얼굴을 내민 산수유도 보였다. 목련길을 지나 본관 앞에 왔다. 제자가 사진으로 보내준 본관 앞의 목련은 이미 꽃잎이 다 떨어졌다. 그런데 바로 열댓 걸음이나 떨어졌을까. 김활란 총장 동상 앞의 목련과, 도서관이었던 헬렌관 앞의 목련은 지금이 한창이었다. 절정은 제각각 다른 시간에 온다. 인간도 마찬가지 자기의 페이스에 맞는 절정이 있다. 절정이란 무엇일까? 나에게 절정의 때는 언제였을까? 뜨거운 열정을 가지고 학업과 진료에 매달리던 그때였을까? 작은 일일지언정 어떤 계획한 것을 이룬 성취감을 느꼈을 각각의 순간들이었을까? 차분한 편안함을 느낀 아침 안개가 자욱하게 낀 잔잔한 강물을 들여다보는 것 같은 그 느낌일까? 온 마음을 다하여 집중하여 수필을 쓰고 있는 지금일까? 그것이 아주 어린 십 대에 오든, 사십에 오든. 육십에 오든, 칠십에 오든지 간에 그것은 아무런 문제가 될 것이 없다. 내년이 더 절정일지, 십 년 후가 더 절정이 될지 모르는 일이다. 그리고 그것이 십 년 전, 이십 년 전이었다고 해도 괜찮다. 그리고 그 절정은 저 꽃처럼 되풀이되어 오는 것이다. 그 반복은 꽃들이 현재에 살기 때문이다. 절정은 한순간이 아니라 꽃들이 매년 피어나듯이 우리도 그 순간을 산다면 현재에 산다면 절정은 모든 때가 절정일 수 있고, 또 꽃들처럼 반복될 수 있다.

우리는 지하 주차장에서 현직에 있을 그전처럼 빈자리가 없어 빙글빙글 몇 바퀴 돌지도 않고 엘리베이터에 가까운 자리에 턱 하니 세웠다. 밖으로 나와 나는 꽃들을 내 카메라에 담기 바빴고, 남편은 나를 위해 우산을 받쳐주기에 바빴다. 비를 맞은 꽃들은 마치 일부러 연출한 것같이 더욱 선명하게 돋보였다. 봄비는 왠지 맞아도 키가 더 클 것 같기도 하고, 마음이 부풀어 오를 것 같은데 남편은 비 맞은 겉옷까지 손수건으로 털어주느라 법석이었다.

다시 ECC 안으로 들어가 엘리베이터를 타고 지하 1층에서 내렸다. 집에서부터 생각해둔 중국음식점이 코로나로 인하여 휴업했는지 아무런 안내문도 없이 껌껌하였다. 곳곳에 폐업한 가게들이 마음을 어둡게 했다. 우리는 이태리 식당으로 갔다. 어느 식당에 가든지 메뉴를 열심히 보는 남편은 한 번에 주문하는 법이 없다. 주문을 받으러 오면 연구 중이라고 대답한다. 나는 벌써 속으로 메뉴를 정하고 딴생각을 했다. 십여 년 전 이곳에서 피아노 선생님을 처음 만났다. 그때는 내가 당돌하게 선생님께 "저는 숙제는 할 시간이 없어요. 집에서 연습해오라고 하지는 마세요." 하던 생각이 떠올랐다. 이제 와서야 미안한 마음이 많이 들었다.

점심을 먹고 우리가 결혼식을 올렸던 중강당 앞에 왔다. 우리가 결혼하던 그때가 3월 중순이었으니 오늘보다는 조금 더 이른 때였다. 결혼 전날 밤도 밀린 일들을 하느라고 여덟 시 반이나 되어서야 퇴근할 수 있었고, 집에 와서 아버지와 웨딩 마치에 맞추어 입장 연습을 했다. 나는 그때 마냥 좋기만 하였지 아버지의 마음을 헤아려보지 못했다. 신부 화장을 하고 드레스를 입고 식장으로 오던 생각도 났고, 분홍색 투피스를 입고 신랑이 운전하는 차를 타고 신혼여행을 떠났던 장면이 마치 옛날 영화를 다시 틀어보는 것 같았다. 우리들의 최고 절정의 순간은 결혼식이었을까? 내가 정년 퇴임할 때 한 제자가 카드에서 "선생님 웨딩드레스를 만져보며 가슴이 설레었고, 시간이 지나 첫딸을 낳았을 때 선생님이 일본에서 예쁜 삭스를 사다 준 생각이 나는데 세월이 이렇게 빠른가요?" 했던 일도 떠올랐다.

가느다란 빗줄기 속에 들려오는 새들의 지저귐을 들으며 걸음을 옮겼다. 남편이 꼭 한번 들러보자고 이야기하던 헬렌관 지하에 있는, 지하라고는 하지만 바로 지상에서 통하는 카페에 갔다. 카페 이름도 실내 분위기도 모두 바뀌어져 있었다. 나는 까페 옆에 있던 구두 수선집 단골이었는데 아직도 거기 있었다. 주인아저씨는 구두뿐만 아니라 핸드백, 우산 등 무엇이든지 간에 고치지 못하는 것이 없었다. 그분은 얼마나 기술이 좋던지 텔레비전에도 출연하였다. 출연 소감이 어떠시냐고 여쭈어보았더니 자신은 오히려 자신의 일할 시간을 빼앗기기만 하였다고 하시며 한번 나갔더니 자꾸 여기저기서 나오라고 해서 이제는 안 나가려고 한다고 하셨다. 방송 출연 전이나 후나 자신이 하는 일에는 변화가 없다고 하였다. 아! 그러니까 이분의 절정은 성실하게 묵묵히 오늘을 사는 것이라는 뜻을 내가 깊이 잘 알아듣지 못했던 것이었구나. 하지만 그래도 그분의 절정은 텔레비전에 출연하던 그때가 아니었을까 하는 의문도 살짝 가져본다.

카페 안에 자리를 잡고 보니 바로 옆자리에는 도서관에서 빌린 책을 예닐곱 권 쌓아놓고 노트북 컴퓨터를 열심히 들여다보고 있는 학생이 한 명 있었고, 조금 떨어진 곳에서 무언가 연구 주제를 토론하는 젊은이 둘뿐이었다. 우리 부부는 애플파이와 차를 한 잔씩 앞에 놓고 한 공간에 같은 시간에 나란히 앉아 있지만 따로따로 각자 나름대로 회상의 시간을 보내고 있다. 정년퇴임을 하였지만 이 캠퍼스 내에서 지냈던 각자의 절정의 시간들 말이다. 국제정치학을 전공한 남편은 특강 강사를 모시고 이 카페에서 학생들과 보냈던 시간들을 이야기했다. 그리고 평생직장이었던 학교에 대하여 감사한 마음이라고 하였다. 교수로 임용되고 어머니를 모시고 학교에 와서 교수실 구경을 시켜드린 일도 이야기하였다. 이화여전을 다녔던 시어머니는 얼마나 기쁘셨을까. 나는 나대로 나의 생각에 침잠한다. 나의 절정이 여러 순간들이 있었겠지만 지금 이 자리에서 느끼는 고요함은 젊은 날 나의 아우성과 나 자신의 채찍과 욕망 그리고 타인들의 아우성이 같이 빚어내던 긴장된 쾌락이 아니다. 그러나 지금의 나를 표현할 말이 없다. 나는 점차 지금의 내 생각을 설명할 수 없는 한계를 향하여 달려가는 느낌이다. 나는 이 편안함 그 자체 이외 아무것도 아니다. 한가로이 고요한 안락을 마치 남의 일인 양 지켜보는 비 내리는 봄날의 교정을 걷는 오늘이 절정이다. 심각한 걱정도 그렇다고 가슴 부풀어 오르는 격정도 없는 생의 절정은 바로 오늘, 지금 이 순간이다. 그러므로 오늘은 남편도 나도 한 송이 꽃이다.

신길자

이화여대 명예교수
강남 신내과의원 원장
에세이스트 2013 등단
현 수석회 회원
giljshin@ewha.ac.kr

정말로
좋은 세상

이병훈

　'밤안개', '떠날 때는 말 없이', '보고 싶은 얼굴' 등의 노래들로 히트한 영원한 디바 가수 현미(85세)가 갑자기 별세하였다. 전날엔 KTX를 타고 대구 가서 공연하고 다음 날은 지인들과 점심 약속을 할 정도로 건강에 문제가 없었다. 그러다 자택에서 숨진 현미를 발견한 것이다. 성인들 돌연사 통계에 따르면 건강한 고령자가 숨어있던 심혈관 질환 때문이다. 평소에 감지되지 않았던 관상동맥의 협착이 있다가 관상동맥 경련이 일어나서 심근경색증으로 사망 가능성이 크다. 일반적으로 심근경색증으로 인하여 온 심장마비는 새벽이나 아침 시간에 가장 많이 발생한다고 한다.

　아침 창문 커튼을 여니 화창한 봄날이다. 서울 강남구에 있는 청담공원은 벚나무에는 벚꽃, 목련나무에는 목련꽃, 진달래, 개나리, 산수유 등, 이상하게도 모든 꽃들이 동시에 피는 것 같았다.

평소와 같이 아침 사무실에 출근하여 컴퓨터를 보고 있는데 11시경 갑자기 현기증이 나며 가슴이 뻐근하고 맥이 빠졌다. 그리고 심장 부위가 뻐근한 느낌이 들며 전신에 식은땀이 났다. 40분쯤 지나서 정신이 돌아와 강남구에 있는 심장내과 원장에게 긴급 전화를 하여 2시에 진찰을 받았다.

간단한 검사들을 해 보더니 심전도에 이상이 있다고 한다. 그리고 서울아산병원 응급실로 가서 입원하여 종합정밀검사를 받으라고 하여 오후 5시쯤 아내에게 전화를 걸어서 내용을 알렸더니 깜짝 놀란 아내는 급히 차를 가지고 와서 오후 6시경에 응급실에 도착하여 미리 전화 연락한 대로 종합정밀검사를 받았다. 새벽 3시경 입원실로 옮겨서 지내다가 오후 1시경에 중환자 수술실로 옮기면서 전신이 몽롱하여졌다. 2시간 반이 지나서 중환자 수술실에서 나와 중환자실에서 누워 꼼짝 못 하고 계속 지냈다.

담당 교수가 오더니 심장 혈관이 좁아져서 스텐트 3개를 넣었다고 하며 안정하기를 권하였다. 다음날 11시경에 입원 2박 3일 후에 퇴원 수속을 하고 집으로 돌아왔다.

그런데 입원은 2박 3일이지만 한 6개월 정도 어디 갔다 온 것 같은 느낌이 들었다. 모든 것들이 서먹서먹하고 오래된 것같은 생각이 들었다.

강 건너 불인 줄 알았는데 팔십 평생 살아생전에 처음으로 응급실 진료를 받은 것이다. 응급실에서는 대단히 사람들이 많고 혼잡하였는데 양팔에 혈관주사를 꽂고 움직이지 말고 절대 안정하라고 하며 응급실에서 중환자실로 이동하고 중환자 수술실로 이전이 되며 3시간 동안 몽롱한 상태가 되면서 그동안에 심장혈관이 좁아져 있는 부위에 혈관 확장용 스텐트 3개를 넣었다고 한다.

제주도 의과대학 교수인 아들이 전화가 왔다.

"아버지, 큰일 하셨어요. 심장 수술을 할 뻔하였는데 스텐트 3개를 넣어 잘 처리가 되었고 담당 선생님이 시술이 잘 되었다고 하셨습니다. 이제 안심하세요."

딸이 울면서 괜찮으냐고 전화가 왔다. 모두 가족들에게 큰 근심 걱정을 하게 했다고 생각이 들었다. 집사람은 2박 3일 동안 입원해서 옆에서 꼼짝도 못 하고 비상 대기하고 지내느라 고생이 정말로 많았고 대단히 고맙고 감사하다는 생각이 들었다.

얼마 안 있으면 여름이 되어 푸른 잎들로 더운 햇볕이 반짝이고 가을이 되면 단풍과 은행나무, 플라타너스 잎들이 거리를 덮고 바삭바삭 소리를 내게 될 것이고 눈이 오면서 추운 겨울이 올 것이다.

이제 나는 좋은 세상을 만나서 현대 시술을 받고 안전하고 편안한 삶을 살게 될 것이며 오래도록 건강하기를 바란다.

정말로 모든 일이 자연스럽고 행복하게 잘 풀려서 특별한 인생 경험을 하였다고 생각이 든다.

정말로 좋은 세상 그리고 도움 준 여러분들에게 감사를 드립니다.

이병훈

대한의사협회 고문, 《한국수필》 2015년 등단
한국수필가협회 운영이사, 한국문인협회 회원
국제펜 한국지부 회원, 한국의사수필가협회 자문위원
자전에세이 2018년, 자전에세이 제2집 2022년, 한국수필가협회 대전수필집
별빛문학회 수필집 수록

bhoonlee@empas.com

이슬방울처럼

유
형
준

볕 바른 병원 한쪽의 아담한 풀숲, 모처럼 겨울 햇살이 따스하다. 듬성하게 색바랜 풀잎 끝마다 역병에 시달리는 세월이 억울한 듯 글썽한 이슬방울. 구슬처럼 둥글게 맺힌 이슬이 이슬방울이다.

이슬방울을 좀 더 자세히 살펴보면, 그것들은 번지지 않고 구슬 같은 방울이 된다. 풀잎 위의 이슬방울은 풀잎 표면을 구성하는 재료가 물과 잘 접착되지 않기 때문에 구슬이 된다. 이슬은 공기 중의 수증기가 식어서 물체의 겉면에 엉겨 붙어 있는 물방울이다. 수증기, 물, 다 순식간에 스러져 없어지는 헛됨의 상징이듯이, 이슬방울은 순식간에 사라지는 물리적 변용(變容)의 하나로 덧없음을 이를 때 자주 쓰인다. 특히 허무하게 빠른 세월과 인생을 이슬방울처럼 스러져 간다고 한다. 하지만 이슬방울처럼 보이는 모든 게 덧없는 것일까.

1928년, 알렉산더 플레밍은 영국 런던의 실험실에서 세균배양 접시에 포도상 구균을 배양하고 있었다. 마침 오랜 친구 프리스가 들렀다. 실험실 안, 배양접시 속에서 수많은 사람의 삶과 죽음을 좌우할 무언가 알 수 없는 변화가 막 일어나고 있었다. 플레밍은 프리스와 이야기를 나누며 배양 접시 뚜껑을 열었다. 갑자기 말을 멈추었다. 잠시 배양접시를 관찰한 후, 평소처럼 무관심한 어조로 말했다.

"이상한데……"

플레밍은 당시 상황을 적었다.

"여느 때와 다름없이 곰팡이는 자라고 있었다. 그런데 곰팡이 주위에 포도상 구균들이 죽어서 녹아있었다. 늘 형성되던 불투명한 노란색 덩어리가 아닌 이슬방울처럼 보였다."

배양접시 안의 이슬방울처럼 보이는 뜻밖의 현상을 보고, 플레밍은 곰팡이가 생산한 무언가가 박테리아를 죽여 녹여버렸다고 결론지었다. 페니실린 발명의 첫 발견이었다.

오늘날 우리는 이슬방울 같은 그 무언가가 의약계에 대변혁을 가져온 페니실린임을 잘 알고 있다. 1945년 플레밍이 노벨상을 수상했다는 사실도 잘 알고 있다. 아울러, 페니실린의 발견에 대한 그의 발언도 기억하고 있다. "페니실린은 내가 아니라 자연이 발명했다. 다만 나는 우연히 발견했을 뿐이다."

이슬방울을 어느 이는 이렇게 그렸다. '아주 완벽한 형태를 스스로 만들고 있으면서도, 언제 사라질지도 모르는 불안정한 상태.' 이슬의 증발은 불안정하지만, 늘 완벽한 상징으로 새겨진다. 세상 많은 메시지가 그러하다. 세상을 향해 외치던 선각자는 세상을 떠났어도 울림은 살아있고, 만발하던 꽃은 스러졌어도 그 의미는 망막 속에 흠 없이 선하다.

질병도 이슬같이 세상 메시지를 준다. 생의 연약함과 유한함. '질병은 삶을 따라다니는 그늘, 삶이 건네준 성가신 선물'이라는 수전 손택의 말처럼 어차피 감당해야 할 병고라면 질병이 건네주는 메시지에 충실할밖에. 그늘 없는 삶이 어디 있는가. 찰나에 스러지는 이슬처럼 극진히 유약하고 유한한 갈망. 약할수록 강건을, 유한할수록 영원을 소망하는 그늘 아래 갈망. 찰나의 집중으로 반짝이다 증발하는 이슬에 기대어 세월을 측량하는 일이 갈망 아닌가.

세월은 흘러간다고 대개 이르지만, 이는 세월의 다른 부분을 소홀히 한 착시의 하나다. 어느 누구나 차를 타고 가노라면, 별안간 길가의 가로수와 건물들이 뒤로 뒤로 줄지어 달려가는 것처럼 느낄 때가 있다. 차가, 또한 차에 탄 내가 앞으로 달려갔지만, 순간적으로 가로수며 집이 뒤로 간 것처럼 착각한 것이다. 혹시 쌓였다가 허물어지거나 색이 바래고 문드러져, 뭐가 뭔지 분간할 수 없이 섞여 버리기도 하지만 세월은 쌓여간다. 애정이 쌓이고, 우정이 미움이 억울함이 쌓이고, 지식도 덕도, 추억도 슬픔도 쌓이고 쌓인다. 우리네 인생사와 연분이 있는 모든 일들이나 속내들을 묘사하는 단어들을 죄다 들먹이면서, 뒤에 '쌓인다'라는 말을 붙이면 어느 하나 어색한 것이 없다. 지나간 머~언 기억을 내가 잊은 것이지, 기억이 세월에 얹혀, 기억이 세월 따라 흘러간 것이 아니다. 세월이 기억을 씻어 간 것이 아니다. 의식에서 잊혔다고 하더라도 무의식 어딘가에 고스란히 쌓여 있다. 이른바 문득, 불쑥, 뜬금없이 떠오르는 아련한 대소사를 어느 누가 세월 따라 흘러갔다고 하는가. 세월에 맺힌 이슬방울처럼 작디작은 일이라도 온전하게 쌓여간다. 내 육신 안팎에, 내 정신 안팎에 온전히 지니고 있다.

바스락. 겨울밤, 모두 퇴근하고, 새로 바뀐 전자병록 시스템을 쫓아가느라고 밀린 병록을 헐떡이며 채우는 시간. 내일의 이슬방울을 빚으려 찬바람이 이슬점에 닿아 응축하며 내는 소리인가. 문득 소리 나는 쪽으로 귀를 기울인다. 진료실 한 귀퉁이, 오래전 감색 보자기에 쌓아두었던 원고지 뭉치를 꺼내어 본다. 욕망이 응집하고 열정이 보태어져, 이슬방울보다 빛나는 금강석에 갈망을 먼저 주며, 진료실 풍경을 일상으로 여기던 시절. 때론 점점이, 때론 띄어 쓰기 한 곳 없이 붙여 쓴 젊은 날의 진료 일지 속, 어느 오후의 외래를 떠올린다.

> 그런 세파(世波)를 / 손가락이 집어 가고 / 발가락이 몰아간다 // 언제나 그다음 날 / 손가락 비슷한 / 발가락 비슷한 / 병들이 외래를 찾아온다 // 그들과 까막잡기하여 / 장 간호사나 심 간호사가 처방전을 챙겨주면 // 피이식 웃음으로 / 그들은 하오(下午)를 / 손가락인 양 / 발가락인 양 / 보따리에 싼다
>
> — 유담, 「외래」 전문

그리 넓진 않아도 진료에 관한 온갖 구색이 알차게 들어차 있던 당뇨병 클리닉. 진료 시간이면 모든 손과 발을 불러 모아 북적거리던 한창 시절이었다. 병록 번호와 환자 이름을 기가 막히게 잘 외우던 심 간호사, 무통 신속하게 혈당을 체크하던 장 간호사. 분주함 속의 진지함이 가꾸어 내는 그녀들의 손발에, 긴 진료 대기에 지쳐 굳었던 표정을 기꺼이 녹여 미소로 화답해 주던 환자들. 이슬처럼 빛나던 젊은 날, 진료실 한낮의 선연한 정경이 보따리에 가득하다.

이슬방울이 곧 사라지더라도 생김새가 변용되었을 뿐, 이슬 빚던 그 의미와 수고는 몸 안 깊이, 때론 고황(膏肓) 깊숙이, 그 습기 그대로 눅진하게 쌓여 있다. 진료실의 세월, 아니 진료실이 이슬방울처럼 고스란히 맺혀있다.

유형준

수필가(1992년 《문학예술》), 시인(필명 유담).
서울의대 및 대학원(의학박사), 한림의대 내과 및 의료인문학 교수, 한국의사시인회 초대회장, 문학청춘작가회장, 문학청춘작가회 동인상 수상.
현재 한국의사수필가협회 회장, 함춘문예회장, 의학과 문학 접경연구소장, 씨엠병원 내분비내과장.
저서: 《늙음 오디세이아》《의학에서 문학의 샘을 찾다》, 시집 《가라앉지 못한 말들》 《두근거리는 지금》 외.
hjoonyoo@gmail.com

쿵짜작 쿵작
카타르시스

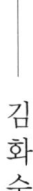

김
화
숙

목요일 밤이면 어느새 TV 앞에 앉게 된다. '미스터트롯2'의 열기를 즐기기 위해서이다. 이 프로는 최고 시청률이 22.2%, 동영상 조회 수가 단 4주 만에 2,608만을 돌파했다. 왜 이렇게 시청률이 높은 걸까? 갑자기 왜 트로트에 열광하는 걸까? 카타르시스(catharsis) 때문일까?

카타르시스(catharsis)란 그리스어로 정화(淨化) 또는 배설(排泄)의 의미를 가진다. 즉 감정이 순화되거나 깨끗해지는 일종의 승화작용이나 정서적인 불순물을 밖으로 내보내는 의학적 용어로도 해석할 수 있다. 아리스토텔레스는 《시학(詩學)》에서 '카타르시스(Catharsis)'는 비극을 봄으로써 마음에 쌓여있던 우울함과 긴장감 등 불편한 감정들은 해소되고 마음이 정화된다고 한다.

그러면 이 '쿵짜작 쿵작' 4분의 4박자 트로트는 일상에 깊숙이 들어와 심리요법의 하나로 자리 잡았다. 즉 트로트는 한국인의 마음을 치료하는 카타르시스이다. 이들은 트로트의 애틋한 가사를 들으며 가수의 감정과 혼연일체 되어 울고 웃고 춤을 추기도 한다. 구구절절 읊어 나가는 애절하고 구성진 가사와 멜로디가 신명을 울린다. 누구에게도 말하지 못한 우리 삶의 애환을 누르고 살다가 노랫말이 대변해 주자 감정이 폭발하는 것이다.

트로트는 영어로 '빠르게 걷는다' 혹은 '빠른 걸음으로 뛴다'라는 뜻을 가진 서양의 연주 용어이다. 1880년대에 미국의 미주리주를 중심으로 빠른 템포의 래그타임(ragtime) 춤곡을 시작으로 19세기 후반에서 20세기 초에 미국 뉴올리언스의 아프리카계 미국인 문화에서 재즈(jazz) 춤곡이 탄생 된다. 그 후 빠른 템포의 래그타임과 재즈 템포의 4분의 4박자로 춤추는 사교댄스와 그 연주 리듬을 일컬어 폭스트롯(fox trot)이라 하여 유행하게 된다. 그러나 오늘날 서양에서는 사교댄스 용어로만 남아 있을 뿐 연주 용어로는 쓰지 않는다.

한국의 트로트 역시 폭스트롯에 바탕을 두고 있다. 한국의 트로트 도입과정은 많은 우여곡절을 겪었다. 한국에 트로트 풍(風)의 음악이 도입된 것은 일제 강점기인 1920년대 말부터이다. 이보다 앞서 일본에서는 일본 고유의 민속음악에 서구의 폭스트롯이 접목된 엔카가 유행했다. 일제 강점기에는 일본의 엔카 그늘에 우리 가요를 일본가요에 동화시켰고 광복될 때까지 우리의 민중음악은 순수한 트로트라기보다 엔카풍의 대중가요로 유행하게 되었다. 그로 인해 새로 부쳐진 이름이 쿵작쿵작한다고 하여 '뽕짝'이라고 부른 것이다.

예술가곡은 흔히 아는 성악곡 중의 하나인 '가곡'의 다른 말이며 예술성이 높은 문학적인 시, 동화, 소설 등이 음악과 함께 노래로 탄생한 것이다. 즉 문학작품에 가락을 붙여 음악으로 완성한 것이다.
이러한 예술가곡이 예술성과 심미성에 가치를 두고 있다면 대중가요는 이와 상반되는 개념으로 유행가이다. 유행가인 트로트는 감성적인 대중성, 오락성, 통속성, 상업성에 기초를 두고 있는 대중이 부르는 세속적인 노래이다. 너무나 간절하고 진실하고 직설적이며 촌스럽기까지 하다.
사랑, 이별, 세월, 그리움 등 유치한 내용이 많다. 그러나 나 역시 나이가 들면서 트로트의 노랫말이 귀에 들어온다. 가곡, 오페라 아리아 등 여러 장르의 클래식을 선호했지만, 트로트는 트로트대로 그 묘미가 대단하다. 그래서 인기가 많은가 보다. 그러나 역사를 거듭할수록 우리의 애환을 담은 노랫가락은 우리 서민들의 가슴속을 파고들며 그 가사와 가락도 변해가고 있다.

'미스터트롯1'이 방영되면서 본격적인 트로트 시대가 열리고 '미스터트롯2'에는 대학 성악과 수석 졸업자, 뮤지컬 가수, 발레리나, TV 방송국 진행자 등 각 분야에서 활동하는 전문인들이 출연하여 더욱더 흥미롭다. 또한 격조 높은 심사평을 듣다 보면 나 자신도 심사평을 할 수 있는 안목을 갖게 된다. 각 출연자에 얽힌 사연은 너무나 다양하다. 노래를 선택하게 된 동기와 피나게 노력한 사연을 듣노라면 재능만 믿고 가수가 되는 것은 아니라는 생각이 든다. 출연자들은 노랫말에 얽힌 내용을 깊은 감정과 아름다운 목소리로 조율하며 시청자들에게 깊은 감동을 불러일으킨다. 이러한 가수들의 열창에 시청자는 몰입하여 같이 눈물을 흘리고 춤도 추며 트로트에 빠져든다.

이제는 대중가요라기보다 모든 예술 분야의 장르를 접목한 새로운 복합 트로트의 세계가 탄생 된 것 같다. 유독 이러한 장르는 한국에만 있기에 지금의 트로트가 K-POP과 함께 또다시 세계적인 열풍을 일으키고 있다.

김화숙

김화내과의원 대표원장(현)
이화의대 졸업, 의학박사, 내과 전문의, 혈액 종양내과 전문의
《한국 산문》에 〈창공에서의 진료〉로 신인상 등단
저서: 수필집 《나의 열정 나의 소망》 공동수필집 《그들과의 동행–다섯 여의사의 사랑법》
kimhwamed@hanmail.net

튀르키예 지진지대에 나눈 인술

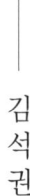

김석권

우리나라도 진도 2~3의 지진이 자주 일어나고 있다. 2017년 11월 15일에는 경북 포항시에 5.4도의 지진이 있었고, 2016년 9월에는 경주에 5.9의 지진이 일어나 많은 건물의 균열이 일어나고 무너지고 외벽이 떨어져 나가는 재해가 발생했고, 그로 인해 대학 수능 시험장에 균열이 발생하여 사상 처음으로 수능이 연기되기도 했다. 우리나라도 결코 지진의 안전지대는 아니라는 것이다.

2023년 2월 6일 새벽 4시경 튀르키예 안타키아 서남 16km 지역에서 7.8, 7.5 두 차례의 강력한 지진으로 튀르키예와 시리아에서 누적 사망자 2만 명을 넘었고 20여만 명이 무너진 건물 잔해에 갇혀있거나 부상을 입었다. 무너진 건물이 6,500동에 이르렀다. 살아남은 사람들도 추위와 생필품 부족으로 극한에 처해 있다고 전해졌다.

우리 온종합병원의 그린닥터스는 발 빠르게 긴급 의료지원단 15명을 조직하였고 부산은행, 부산평화교회 등에서 협찬을 받아 약품과 치료 물품을 구입하였다. 의료진으로는 정근 그린닥터스 이사장, 오무영 호흡 알레르기 센터장, 김석권 성형센터장, 그리고 일신기독병원의 박무열 외과 과장이 참여하였고 주명희 간호팀장(현 간호 부장), 정명규 총무팀, 임영문 목사님(그린닥터스 이사, 부산평화교회) 그린닥터스 박명순 사무부총장, 김영찬 이사, 온라이프 최한일 이사(전 소방공무원), 그 외 김철훈 목사(한국 교회봉사단 사무총장) 최혁규, 임보혁, 이현지, 손무열 대원으로 팀을 꾸렸다. 2월 16일 병원 대강당에서 많은 직원들의 환송을 받고 17일부터 24일간의 의료봉사 대장정에 들어갔다.

인천공항에서 선교팀 일행과 합류하여 저녁 9시 튀르키예 항공편에 탑승하였다. 대원 모두 노란색 그린닥터스 재킷을 착용하고 앉았다. 항공기가 이륙하고 30분쯤 지난 후 승무원들이 모두 우리 봉사단을 에워싸고 난 후 튀르키예어와 한국어 기내 방송이 울려 퍼졌다.

"튀르키예 지진으로 인한 한국의 그린닥터스 의료봉사단에 진심으로 감사드리고 환영한다."는 방송 멘트에 모든 승객들이 우리 일행을 향해 우레와 같은 박수를 보냈고 승무원들은 정중히 경례를 하였다. 아마도 항공사에서 정보를 받았을 것이다. 특별한 기내 환대 행사에 우리들은 큰 자부심과 함께 다시 한번 우리들의 사명을 새기는 계기가 되었다.

이스탄불 공항에 도착하여 공항청사로 나가자 이스탄불 공항 직원들이 양편으로 도열하여 우리들을 환영해 주니 또 한번 감동을 받았다. 공항의 안내자가 우리를 아다나 공항으로 갈 수 있도록 안내하여 패스시켜 주었다. 아다나 공항에 도착하니 정부에서 제공한 승합 버스가 대기하고 있었다. 우리들의 베이스캠프가 될 메르신에 도착하니 점심시간이 되었지만 점심을 거르고 1시간 30분을 달려 첫 의료봉사가 예정된 이스켄데룬으로 갔다. 수많은 건물들이 폭삭 주저앉거나 기울어져 있었고 중장비를 이용해 이곳저곳에서 매몰자를 찾고 있어 처참한 지진의 참상을 실감할 수 있었다.

이스켄데룬에 도착하니 유엔에서 제공한 수천 동의 텐트가 줄지어 있고 며칠 전 내린 눈으로 인해 땅바닥은 질퍽거렸다. 난민들과 함께 빵과 죽으로 점심을 해결하고 컨테이너 박스로 조성한 사무실을 두 개 배정받아 청소를 한 후 진료에 돌입하였다. 난민촌에 파견 나온 현지 간호사도 우리와 합류하였다. 곧 환자들이 몰려오고 다친 사람, 옴을 포함한 피부염, 당뇨, 고혈압, 척추와 무릎의 통증 환자, 안과 질환자, 어린이 환자들, 감기 환자가 많았고 여기저기에서 치료하는 어린이들의 자지러지는 울음소리가 터져 나왔다. 내가 치료한 첫 환자는 지진으로 부상 당한 어린이의 치료였다. 어린이를 안고 상처를 소독하고 연고를 발라 붕대로 싸매어 주었다. 걸어오지 못하는 환자는 왕진도 가고 욕창 환자 등 정신없이 치료하고 처방을 하다 보니 어느덧 해가 기울었다. 의료 활동을 종결하고 나니 시차 적응도 안 된 터라 몸은 녹초가 되고 말았다.

이튿날도 8시에 정부에서 제공해준 승합차로 어제와 같은 이스켄데룬으로 이동하였다. 이미 많은 환자들이 줄 서서 기다리고 있었다. 외과 팀에서는 낭종, 발가락의 티눈을 제거하는 등 수술도 하고, 장기간 치료를 받지 못해 염증이 심해진 환자들의 치료, 노안 환자들에게 처방에 따라 안경을 나누어주고 만성 고혈압, 당뇨, 통증 환자들에게도 장기 투약을 해 주었다. 진료실 주변에는 많은 어린이들이 몰려들어 놀이터가 되어있었다. 방송팀과 인터뷰도 하고 처방받은 약을 나눠주고 나니 어느덧 어둑어둑해졌다. 진료를 종료하자 몰려든 어린이들이 진료 현수막을 앞에 들고, 꼬레(코리아)를 외치며 난민촌이 떠나가도록 우리 앞길에서 환호하니 우리는 마음이 숙연해지고 몸은 지쳤지만 큰 보람과 위로를 받았다.

이곳 튀르키예 사람들의 주식은 빵과 케밥이다. 쇠꼬챙이에 고기를 꿰어 불에다 굽는 요리를 통칭하여 케밥이라고 한다. 소나 양 등의 살코기와 간 등을 불에 구워 먹는다. 저녁에는 제법 잘 갖추어진 케밥 요리집에서 식사를 하였다. 메르스는 시내에 큰 강이 흘러가고 로마 시대에 건설된 2천 년이나 된 다리가 있어 유명한 관광지이다. 다리에서 1km쯤 떨어진 곳에 큰 규모의 회교 사원이 자태를 뽐내고 있었다. 붉게 불타는 아름다운 노을 아래 강물과 어우르는 멋진 도시의 풍경을 배경으로 모두 기념사진을 찍었다.

다음날은 지진의 진앙지에 더 가까운 안타키아로 출발하였다. 안타키아로 가까워질수록 기울어지고 주저앉은 건물들이 초토화되어 있었다. 그래도 최근에 지은 건물들은 균열만 있을 뿐 멀쩡한 것도 있었다. 아마도 내진설계가 되어있는 것 같았고, 오래된 낡은 건물들은 모두 폭삭 주저앉아 있었다. 진료지역은 안디옥 한인교회 지역이다. 안타키아는 성경에 등장하는 명칭이 안디옥이다. 베드로와 사도바울의 전도 여행지로 유명한 곳이다. 한인 선교사들이 꽤 먼 지역에서 새벽에 출발하며 우리 봉사단을 지원하기 위해 찾아왔다.

무너지고 일부만 남은 안디옥 교회에서도 희생자가 다수 있었다고 한다. 다 함께 예배를 드리고 난 후 이곳 경찰들과 주민들의 도움으로 탁자와 의자를 놓고 진료를 시작하였다. 비교적 가벼운 외상환자들이 와서 치료를 받았고 여느 지역과 마찬가지로 만성 노인 환자들이 진료를 받았다. 좀 떨어진 난민수용소로 의료봉사 지역을 옮겨갔다. 이곳은 시리아와 국경 지역이라 시리아 난민들도 많았다. 난민수용소의 텐트도 무질서하고 화장실, 샤워실도 없이 열악한 환경이었다. 큰 구덩이를 파서 대소변을 해결하고 있는 상태였다. 환자 유형도 다른 곳과 비슷하였다. 한 시리아인이 어린아이를 데리고 왔는데 무뇌증이라고 했다. 숨을 잘 쉬지 못한다고 하는데 아마도 정확한 병명은 아닌 듯하였다. 아무 도움을 주지 못하는 것이 안타까웠고 다만 큰 병원으로 가보라고 권고했다.

진료를 끝내고 사도 베드로가 숨어서 선교했다고 하는 바위산 동굴을 둘러보았다. 저 깎아지른 바위산의 중턱에 여러 개의 동굴을 파고 줄을 타고 드나들면서 그곳에서 생활하며 예배를 드리고 선교활동을 하였다니 아마도 목숨을 건 선교 활동이었을 것이다. 이 나라가 회교 국가인데도 이러한 기독교의 유적지를 보존하고 관리하고 있다는데 경외감을 느꼈다.

저녁 식사를 한 후 다시 호텔로 돌아와 샤워를 마치고 휴식을 취하고 있는데 저녁 8시가 조금 넘은 시간에 가구들이 심하게 흔들려 지진임을 직감할 수 있었다. 1차 지진 지역에서 진도 6.4의 여진이 발생한 것이었다. 불안해하고 있는데 응급 구조사 출신인 최한일 이사께서 복도를 통해 8층까지 올라와서 황급히 대피하라고 하여 서둘러 1층까지 내려가니 모두 내려와 로비에서 기다리고 있었다. 일행 중에는 혼비백산하며 양말도 신지 않은 채 슬리퍼를 신고 나온 이도 있었다. 모두 호텔에서 바깥으로 나가니 많은 시민들이 도롯가에 나와 있었다. 1시간쯤 대기하고 있다가 놀란 가슴을 쓸어내리며 호텔로 돌아왔다. 지진으로 인한 환자들을 치료하기 위해 머나먼 동방에서 왔건만 우리가 지진을 만나다니!

내일 다시 안타키아로 가야 하는데 진료를 가야 하는가에 대해 토론이 있었고 중단하자는 측이 우세하였다. 방으로 돌아와 잠을 청했으나 도통 잠을 이루지 못해 뒤척이다가 잠시 눈을 붙이고 잠에서 깨니 간밤의 혼란은 사라지고 찬란한 태양이 떠올라 싱그러운 아침 햇빛을 뿜어내고 있었다.

아침 식사를 마치고 너 나 할 것 없이 모두 진료를 계속하기로 하고 떠날 준비를 하고 있는데 운전기사가 여진으로 위험하고 도로도 끊어졌을지 모른다고 갈 수 없다고 했다. 실랑이를 하다가 30분이 지나서야 출발이 결정되었다. 가는 도중에 들은 얘기로는 임 목사님께서 뒷돈을 기사에게 주었다고 했다. 안타키아로 가는 도중 정말 고속도로의 균열이 심하였고 도로 위에 바위가 떨어져 우회하기도 했다. 이번 여진으로도 사망자, 부상자가 많다고 했다.

난민수용소에 도착해 거동이 불편한 환자의 왕진, 외상환자의 치료에 중점을 두었고 만성 환자들도 진료를 하였다. 의료봉사 마지막 날이니 남은 약품과 소독약, 붕대 등 치료 물품들을 아낌없이 나누어주었고 돋보기안경도 동이 났다.

진료를 끝내고 기원전 1000여 년경에 만들어졌다는 인근의 지하도시를 방문하기로 했다. 지하도시로 들어가려고 하는데 오무영 교수가 어지럽고 머리가 심하게 아프다고 했다. 힘이 없이 몹시 지쳐 보이고 말소리도 어눌했다. 사실 며칠 전부터 오 교수는 머리가 아프다고 내게 말하여 진통제를 복용하였으나 효과가 별로 없다고 했다. 뭔가 문제가 생겼음이 틀림없다. 우선 뇌경색이나 뇌출혈이 의심되었다. 그래서 지하도시로 들어가지 말고 그늘에서 쉴 것을 권하였고 혈행 개선제를 찾아 복용토록 했다.

지하도시로 들어가 보니 굴이 낮고 폭도 좁아 한 사람씩 엉거주춤한 자세로 내려갈 수밖에 없는 험한 땅굴이었고 곳곳에 큰 맷돌 모양의 방어석이 벽 쪽에 있어 외부의 적이 침입할 경우 굴을 막아버릴 수 있도록 설계되어 있었다. 지하 깊숙이 광장도 있고 거처할 수 있는 방, 식당 등이 도처에 있었다. 지하 5층까지 내려갔다가 돌아오니 1시간 이상 걸렸다. 지하도시에서 나와 그늘에 쉬고 있는 오 교수를 보니 상태가 심각해 보였다. 먼저 인근의 종합병원으로 가서 진찰해 보기로 하고 인터넷으로 검색하여 꽤 먼 곳에 있는 작은 종합병원으로 향해 서둘러 달려갔다. 도중에 목사님께서 지압도 하고 말을 시켜보니 발음이 좀 좋아진 듯하여 병원에 가지 않고 숙소로 돌아가기로 결정했다. 만약 이곳 병원으로 가서 문제라도 발견된다면 귀국하는 것도 문제였다. 다음날 한국으로 돌아오면서 오 교수는 공항에서 휠체어를 타고 이동했다.

10시간 이상 걸려 인천공항을 거쳐 부산으로 오니 오후 6시, 공항에는 병원 식구들이 많이 나와 우리 일행을 환영해 주었고 우리는 오 교수와 서둘러 병원으로 돌아왔다. 미리 전달해 둔 터라 뇌 MRI 촬영 준비를 하고 기다리고 있었다. 오 교수는 MRI 촬영실로 가고, 우리는 병원 로비에서 해단식을 하여 튀르키예 의료봉사의 대장정을 끝냈다.

오 교수의 병명은 뇌출혈로 진단되었고 바로 입원하여 며칠 후 수술을 받았다. 형제국 튀르키예의 지진으로 인한 환자들의 치료를 위해 값진 의료봉사를 했으나 과로로 인한 의료진의 희생도 뒤따랐다. 오 교수는 수술 후 경과가 매우 좋아 한 달 후 깎은 머리가 조금 자란 모습으로 출근하였다. 튀르키예 의료봉사의 훈장이라고나 할까?

구조대는 우리나라를 포함하여 수많은 나라에서 파견되어 인명을 구조하였으나 의료봉사는 세계에서 유일하게 우리 그린 닥터스 봉사단만이 발 빠르게 수행하여 대한민국 국위를 선양하는 데 일조를 하였다고 자부한다. 카메라에 포착된 의료봉사의 순간순간이 사진으로 인화되어 온 종합병원 로비에 전시되었고 다시 한번 지진 현장의 봉사활동을 뒤돌아보며 지난날의 추억을 회상해 볼 수 있었다.

김석권

부산대학교 의과대학 졸업, 의학 박사
동아대학교 의과대학 성형외과 주임교수,
의과대학 학장 역임, 대한민국 의학한림원 회원
에세이스트 2008년 신인상으로 등단
수필공부 천년약속 회원, 부산문인협회 회원
부산 의사문우회 회장역임, 한다사 문학회 회장 역임
《에세이스트》지 올해의 작품상 수상
sgkim1@dau.ac.kr

2023 한국의사수필가협회 공동수필 제15집

별을 위한 시간

서울의대 학생 기숙사와 연기론(緣起論)

길

낯선 곳에서 길을 잃다

다시, 학생

6부

낯선 곳에서 길을 잃다

서울의대 학생 기숙사와 연기론(緣起論)

정준기

서울 종로구 연건동에 자리 잡은 서울대학교 의과대학과 병원의 구내에는 역사 유적도 많고 역사적 인물과 관계되는 사적도 있다. 그 중의 한 분으로 저헌(樗軒) 이석형(李石亨) 공(1415-1477)을 소개하겠다. 병원 본관 동쪽에 어린이병원과 치과병원이 있고 그 사이에 교회와 의과대학 학생 기숙사가 있다. 그런데 자세히 보면 기숙사는 옴폭 파여 있고 지반이 낮아 2층이 다른 건물 1층과 지면이 일치한다. 기숙사 앞에는 수령이 350년으로 병원 구내에서 최고령인 은행나무 한 그루가 당당하게 서 있고, 옆에서 '이석형 공의 생가 터'라는 표지석을 찾을 수 있다.

큰 바위에서 용이 튀어나왔다는 태몽에서 이름을 지은 이석형(李石亨)은 명석하여 26세의 젊은 나이에 생원과 진사가 되는 과거시험에서 각각 수석으로 합격하고 이어 문과 시험에도 장원을 한 특이한 경력이 있다. 현재 의학계에서 이석형 공은 한국형 히포크라테스 선서라 할 수 있는 〈의원정심규제(醫員正心規制)〉를 만든 인물로 주목을 받고 있다. 그가 전라감사로 부임해 민정을 살필 때 강진에 있는 악덕 의사의 죄상을 가려 공정히 처리한 바 있다. 의원들에게 올바른 행동강령이 필요함을 느끼고, 후에 대사헌이 되어서 규제를 만들고 전국을 순회하며 의원들을 직접 훈시 교화했다. 내용은 서양의 히포크라테스의 선서와 비교해 간단명료하다. 그는 의사를 의자(醫者), 의원(醫員), 의학자(醫學者) 세 등급으로 나누어서, 어린 의사가 성숙해지면서 발전해야 할 방향을 제시하였다. 또 논리적 윤리적 사유를 거쳐 의술은 인술이고, 의도는 정직이라고 설파했다. 길드 조직의 강령에서 비롯된 서양의 선서는 상세하고 실제적이나, 우리의 것은 개념적이고 윤리적이다. 자세한 내용은 다른 문헌에서 찾아보시기 바란다.

그는 연꽃을 좋아해, 말년에 집 뜰에 큰 못을 파고 주위에 은행나무 숲을 조성했다. 이 때 친구인 김수온 공이 찾아 와 연못에 물이 어느 정도 차면 도랑으로 빠져나가 넘치지 않게 만들고 못 가에 '계일정(戒溢亭)'이라는 소박한 초가집 정자를 지어 주었다. 모든 면에서 부족함이 없는 그가 분수에 넘치는 삶을 경계하라는 의미였다. 이 계일정신(戒溢精神)은 이석형의 생활신조가 되어 복을 절제하면서 현명한 여생을 보냈고, 그 집안의 가훈이 되어 후손에서 많은 인재가 나왔다고 한다.

연꽃이 많이 심어져 이 동네를 연화방(蓮花坊)이라고 불렀다가 1917년 일제 시대에 행정단위를 개편하면서 이웃에 있던 건덕방(建

德榜)과 합쳐 지금의 연건동(蓮建洞)이 되었다. 한편 긴 세월이 흐르고 1908년 이 곳에 고종의 명에 의해 '대한의원'이 자리 잡았다. 연못은 물이 말라 그 터에 학생 기숙사가 들어서고 은행나무 숲은 손자뻘인 한 그루만 남아 이석형에 관한 과거를 증언하고 있다. 한문에서 은행나무 숲[행림(杏林)]은 의료계를 상징하기 때문에 더욱 의미심장하다.

불교의 연기론(緣起論)에 의하면 현재의 실존은 과거의 여러 원인에 의해 생긴 것이고, 또 현재의 여러 일이 서로 작용해 미래의 일로 나타난다고 한다. 560년 전 의원 정심규제를 만들어 젊은 의사들에게 의학윤리와 철학을 교육시킨 이석형 공의 생가터에 병원이 세워져 현재 서울대학교 의과대학으로 발전하고, 계일정신이 깃든 연못 자리에 학생 기숙사가 있는 사실이 모두 우연만으로 생긴 것일까? 나는 불교 신자는 아니지만 연기론이 합리적인 설명이라고 동의한다.

그러면, 과거에서부터 현재를 거쳐 미래로 연결되는 복잡하고 신비롭기까지 한 인연의 흐름 속에서 지금 우리는 어떤 역사의식과 혜안을 가지고 살아가야 되는지, 이석형과 김수온, 의원정심, 계일정신을 현재의 무엇과 어떻게 승화시켜 후세에 좋은 인연과 업으로 넘겨야 할지, 인공지능, 팬데믹 같은 새로운 인연의 태풍 속에서 명석한 차세대 의료인을 어떻게 이끌어야 할지, 갑자기 두려움과 희망의 전율을 함께 느낀다.

정준기

서울대학교 의과대학 명예교수
의학한림원 정회원
서울대학교병원 의학역사문화원장 역임
서울대학교병원 함춘문학회장 역임
수필집 《젊은 히포크라테스를 위하여》 등 6권
jkchung@snu.ac.kr

길

이
희

　친구가 보내준 '길'이라는 글을 읽었다. 작자이름은 없었다. 에움길, 지름길, 고샅길, 뒤안길, 논틀길, 푸서릿길, 오솔길, 후밋길, 자드락길, 돌서더릿길, 돌너덜길, 자욱길, 벼룻길, 숫눈길 등 동네 부근의 산과 들의 길 이름들을 읽으며 마음은 어려서 외갓집에 가 동네 아이들과 함께 돌아다니던 추억 속의 뒷산 허리에서 동네 앞 논두렁까지 오르내렸다. 가을이면 건너마을까지 뻗혀있는 넓다란 논에 벼가 누렇게 익어 바람에 일렁이던 황금빛 물결도 눈에 선하다. 농부아저씨들이 흐뭇한 눈으로 바라보고 있을 때 그 물결 속으로 아이들은 메뚜기를 잡으러 다녔고 분주히 날아 다니며 벼 이삭을 쪼아 먹던 참새는 허수아비 팔에 앉아 날개를 쉬었다.

동네와 논 사이에는 자동차가 다니는 큰길이 있었는데 신작로라고 불렀다. 넓기는 해도 포장은 되지 않아서 차가 지나가면 먼지가 자욱하게 일어나곤 했다. 대문을 나서 신작로를 오른쪽으로 가면 시내로 가는 길이고 왼쪽으로 가면 멀리 고개를 넘어 다른 동네로 가는 길이었는데 그쪽으로는 뽀얗게 먼지를 일으키며 가는 버스를 바라보면서 그저 상상만 해보았을 뿐 가본 일은 없다.

길은 사람을 어디론가 데려간다. 옆 동네로, 시내로 또는 멀리 새로운 곳으로. 사람들은 같은 길을 걸으면서 길동무가 되고 생각을 나누면 마음과 마음 사이에도 길이 나 서로 가까워지게 된다.

길은 생각을 만든다. 혼자 길을 걸으면서 별 생각이 없을 때도 있지만 갈라지고 합쳐지기를 거듭하는 길을 걷는 동안 머릿속에서도 생각들이 갈라지고 합쳐져 새로운 생각으로 거듭 날 때가 많다. 옛사람들도 말 위에서 좋은 글이 생각난다고 하였다. 요즘은 말을 타고 다니는 사람은 없으니 차 속에서 또는 길을 걸으면서 라고 바꿔도 무방할 것이다. 비단 글만이 아니다. 일이 풀리지 않을 때에도 걸으면서 새로운 생각을 구해보는 것이 좋은 방법이다. 걸으면 가슴에 신선한 공기가 들어와 답답함을 녹이고 머릿속을 맴돌던 괴롭고 힘든 생각들을 잠 재우고 새로운 좋은 생각들이 떠오르기도 한다.

길은 예로부터 깨달음을 가리키는 말이었다.

동양에서는 불가, 도가, 유가의 가르침을 모두 길 도자를 써서 '도(道)'라고 부른다. 물론 그 셋은 모두 다른 가르침들이다. 부처님의 도는 이러한 조건에서 저러한 결과 생긴다는 연기(緣起)와 공(空)을 가르치고 노자님의 도는 기(氣)를 모으고 닦아 단(丹)을 이루고 나아가 있으면서도 없고 없으면서도 있는 궁극의 도를 가르친다. 공자님은 인(仁)을 가르치면서 인의예지신(仁義禮智信)을 통한 안정되고 평화로운 세상, 대동사회를 제시하신다.

서양에서는 도라는 말을 쓰지 않지만 예수님께서도 "나는 길이요, 진리요, 생명이다" 라고 말씀하셨다. 모든 것을 맡기고 '그리스도를 통하여, 그리스도와 함께, 그리스도 안에서' 살아가는 삶은 가톨릭 신앙의 길이고 핵심이다. 깨달음과는 차이가 있지만 미사 때마다 듣는 그 말이 신자들이 실천해야 할 목표다.

도, 깨달음으로 가는 길은 어느 길이나 멀고 험하다. 길이 없는 것처럼 보이는 길이고 수많은 갈래길들이 있어 어디로 가야할지 알기 어려운 길이다. 혼자 갈수 있는 길이 아니고 스승이 필요하지만 좋은 스승을 만나기도 어렵고 따르기도 어렵다. 그가 지름길을 알려주는 사람이었으면 좋으련만 길을 잘못 들지 않도록 곁에서 지켜주기만 하는 사람이다. 그래도 에움길만 빙글빙글 돌고 있을 때 새로운 길을 찾으라 일러주고, 벼룻길을 만나면 천길 낭떠러지로 떨어지지 않도록 경보를 울려준다. 숫눈길을 갈 용기를 주는 사람이고 지금은 눈에 덮혀 아무도 가지 않은 길처럼 보이지만 앞에 이루었던 사람들이 갔던 길임을 알려 주는 사람이다. 좋은 스승은 지름길은 아니더라도 한 걸음 한 걸음씩 도를 향하여 나아가는 길을 찾을 수 있게 도와주는 사람이다.

길을 바로 들기만 하면 험한 길도 평탄한 길도 모두 정상으로 이어진다. 끈기 있게 걸어갈 일이다. 숨이 차거나 다리가 아프면 잠시 쉬어 가도 좋다. 곧 다시 일어나 꾸준히 걸으면 정상에 오를 수 있다.

산을 오르는 길을 안내하는 지도는 아주 많다. 저마다 그럴 듯하게 안내를 하지만 어느 선을 지나 구름에 가려 보이지 않는 높은 산봉우리는 올라보지 못하고 상상으로 그려놓은 지도가 많다. 초심자는 물론 경험이 있어도 그 중에서 좋은 지도를 판별하기는 어렵다. 도덕경에 언자부지 지자불언(言者不知 知者不言)이라는 말이 실감나는 상황이다. 나서서 말하는 사람은 자기 발로 걸어본 것 뿐만 아니라 남들이 써놓은 것을 보았거나 혼자 상상한 것까지 마치 자기가 실제로 걸어본 것처럼 그럴듯하게 말해 사람들을 현혹시킨다. 반면에 정말로 올라본 사람은 굳이 말하려 하지 않는다. 말로 가르칠 수 있는 길이 아니고 자기 발로 걸어 올라가야 하는 길 임을 알기 때문이다.

사람들은 도에 이르는 길을 '길 없는 길'이라고들 한다. 누구나 가는 큰길이 아니고 막혔다고 생각하고 망연자실할 때 간절한 마음과 각고의 노력을 통해서야 비로소 보이는 가려진 길이라는 것이다. 외길은 아니지만 어느 길로 가더라도 꼭 지나게 되는 지점들은 있으니 비록 스승마다 표현은 달라도 아무 길로나 가도 되는 것은 아니다.

가을이 오면서 온 산을 푸르게 물들여 놓았던 나뭇잎들이 울긋불긋 단풍으로 옷을 갈아입고 있다. 늘 다니던 산이지만 오늘은 새로 난 길로 단풍 안으로 들어가면서 어제 글을 읽고 들었던 생각을 적어 보았다.

이희

영동 신경정신과 원장, 의학박사
한국 정신분석학회 회장 역임
대한신경정신과 학회 부회장 역임
서울대학교 의과대학 대학원 졸업
국제 펜클럽 회원
저서: 《정신요법》《상처받지 않을 힘》
dasich7777@hotmail.com

낯선 곳에서
길을 잃다

이하린

    나는 종종 길을 잃는다. 낯선 곳에서 길을 잃기도 하지만 인생길에서도 간혹 방향을 잃는다. 그때 나는 문득 혼자라는 사실을 깨닫는다. 어린 시절, "길을 잃어버리면 움직이지 말고 그 자리에 가만히 멈춰 있어. 그러면 너를 곧 찾으러 갈 거야"라고 엄마는 말씀하셨다. 지금도 사람이 많은 곳에 갈 때면 항상 그 말이 떠오르고, 아이들에게도 그렇게 가르쳤다. 요즘에는 스마트폰과 와이파이만 있으면 길을 잃을 염려가 없다. 인공 지능이 즉각적으로 다시 잃어버린 길을 찾아주기 기다리며 나를 맡기면 된다. 그런데 스스로 방향을 찾아보려는 노력을 점차 포기하다 아예 잊고 사는 것은 아닐지 모르겠다.

    이십여 년 전 미국에서 잠시 살았던 적이 있다. 지금은 상상하기 어렵지만 그때는 내비게이션이 발달하기 전이어서 운전할 때에는

'토마스 가이드'라는 지도책이 필수였다. 어디든 가야 할 때는 지도를 펴놓고서 동선을 머릿속에 미리 그려보아야 했다. 그리고 가이드가 될 만한 건물이나 표지판에 대한 설명을 읽어 두는 것이 중요했다. 그러나 운전 초보인 나는 가끔 길을 잃었다. 외국어만 보이는 낯선 길에서 길을 잃었을 때, 그 당혹스러웠던 느낌이 지금도 종종 생각난다. 하지만 차를 세우고 지도를 보면 길은 결국 연결이 되어 목적지에 갈 수 있었다. 내비게이션에 의지하지 않고 길을 찾았던 경험으로 내 머릿속에는 어느새 지도가 입체적으로 들어오곤 하였다.

'내가 틀릴 수도 있습니다' 얼마 전에 읽었던 책의 제목이다. 제목을 보고 나는 잠깐 얻어맞은 느낌이 들었고, 마음이 한결 가벼워졌다. 누군가가 "괜찮아. 누구나 틀릴 수도 있단다"라고 위로해 주는 것 같았다. 이 세상은 너나없이 "내가 맞다"고만 주장하고 있는데 이 책은 그 반대를 말하고 있지 않은가! 저자의 약력이 매우 특이했다. 이십 대에 이미 다국적 기업의 임원직으로 일을 하다가 갑자기 태국의 밀림으로 가서 승려로 몇십 년간 살았던 작가이다. 그가 나중에 루게릭병으로 서서히 죽어가며 집필한 책이기에 더욱 간절한 메시지로 전달되었다. 전문가로서의 삶은 틀릴 수도 있다는 전제를 용납하지 않는다. 의사의 실수는 곧 환자의 생명과도 연관이 되고 법관의 실수는 한 사람의 인생을 감옥에서 썩게 할 수 있으니. 전문가로서 책임지고 무엇인가 한다는 것은 완벽을 요구한다. 틀리지 않으려고 발버둥을 치고 사는 셈이다. 의사로 훈련을 받고 전문가로 이십여 년을 살면서 나는 무엇이든 틀리면 안 된다는 생각에 스스로를 묶고 살아왔다. 그러나 시간이 흐르면서 그러한 강박으로부터 차츰 풀려났고 전문가이기 이전에 인간이고 불완전한 존재라는 것을 인정하게 되었다. 내가 틀릴 수도 있다는 것은 다른 사람들 또한 그럴 수 있다는 아량을 가질 수 있게 해준다. 그러면서 나는 타인에게 좀 더 친절해지고 삶에 대한 불만을 덜 수 있게 될 것이다.

책의 저자처럼 현재의 자리를 박차고 일어나는 시도는 못 하더라도 내가 무엇을 향해 살아가고 있는지 가끔은 멈추어 점검해 보고 싶다. 혹시 길을 잃은 줄도 모르고 살아가고 있지는 않은가? 그것을 알면서도 누군가가 지시하는 대로 생각 없이 살아가고 있지는 않은가? 만약에 길을 잃었다면 나는 어떻게 해야 할까?

그렇다면 다시 처음의 자리로 돌아가야 할 것이다. 처음 의사가 되고 싶다고 생각했던 마음, 떨리는 마음으로 첫 환자를 보았던 그 자리를 떠 올려 보자. 나는 너무 쉽게 처음의 마음과 그 자리를 잊는다. 사실 인생의 중요한 것들은 초등학교 이전에 이미 배웠다. 미적분 같은 고등 수학보다 더 중요한 것들은 서로 밝게 인사하는 것이라고, 차례를 지키고 "고맙다" 또는 "미안하다" 말하는 것이라고. 살아가면서 무수히 부딪히는 문제들의 열쇠는 이미 알고 있지만 소중하게 생각하지 않았던 것들이다.

나는 때로 낯선 존재가 되고 싶어진다. 누구도 나를 알아보지 못하는 곳에서 조용히 걷다 보면 시시한 일상사들, 쉽게 지나쳤던 자연의 소리에 민감해진다. 시차에 적응하지 못해 여행지에서 새벽에 들었던 새소리의 청아함에 감탄했던 적이 있다. "역시 이곳은 공해가 없어서 이렇게 새 소리가 아름답구나" 라고 감탄했었다. 그런데 집에 돌아온 후 어느 날 무슨 이유에선지 잠이 오지 않아 새벽에 밖에 나갔을 때 내 귀에 들려온 것은 외국에서 들었던 것과 똑같은 아름다운 새소리였다. 한국에서는 내가 분주했거나 잠에 빠져 있었기에 듣지 못했는데 그렇게 핑계 대고 있었던 것이다.

 낯선 곳에 가면 내 자신이 얼마나 작고 가벼운지 다시 생각하게 된다. 그리고 죽을 것처럼 나를 짓누르던 문제가 영원히 지속되지 않을 것이라는 사실도 알게 된다. 굳이 여행을 떠나지 않아도 내가 가는 길이 맞는지 알고 싶으면 길을 잃어도 될 것이다. 길을 잃고 혼자 있는 시간, 스스로 질문을 던지면서 시작했던 그 자리로 되돌아오면, 미로에서 괴로워하던 일이 얼마나 하찮은 것이었는가를 어느새 알게 될 것이다. 다시 차분해진 마음으로 새로운 걸음을 내디딜 수 있을 것이다.

이하린

피부과 전문의, 의학박사
도곡양재 차앤박 피부과 원장
2016년 의사독후감 공모전 대상 수상
2017년 《에세이스트》 신인상 수상
2017년 《에세이스트》 등단
beautyharin@naver.com

다시, 학생

장덕민

한 과목 중간고사가 끝났다. 후련해질 틈이 없이 세 개의 과제가 공지사항에 올라 있다. 누가 시켜서 하는 것도 아닌데 진짜 내가 좋아서 하는 것인가 의구심이 든다. 어쩌자고 나는 또 학생이 되었을까?

나의 첫 번째 대학 생활은 1985년도에 시작되었다. 서울은 막연히 도달해야 하는 목표지점 같은 곳이었는데, 어지러운 시절에 딸을 멀리 보낼 수 없다는 아버지의 한마디로 나는 고향에 주저앉아야만 했다. 나는 아버지가 재직하던 지방 국립대학교의 의대에 들어갔다.

원치 않는 대학, 원치 않는 학과…. 캠퍼스의 공기 속엔 항상 매캐한 최루가스 냄새가 섞여 있었고, 스크럼을 짜고 나서는 자들도, 멀리서 지켜보는 자들도 분노와 불안이 가득 찬 삶을 살아가고 있었다. 나는 시대에 분노하는 자도 아니었고, 행동하는 지성인은 더구나 아니었다. 나는 뛰어들지도, 응원하지도 않는, 나만의 집을 등에 지고 어둡고 축축한 곳을 찾아 느리게, 느리게 기어가는 달팽이 정도의 존재였다.

좋은 의사가 되리라는 다부진 목표를 가지고 입학을 한 대부분의 동기들 속에서, 의사가 되지 않겠다는 얘길 스스럼없이 끄집어내는 나는 좋은 말로 특이한 인물이었고, 실상은 재수 없는 인간이었을 거다.

끝난 줄 알았던 사춘기가 이어지던 그 시절, 나는 일기를 끄적이기 시작했다. 아무에게도 터놓을 수 없는 나의 약함과 악함. 남모르는 열등감과 질투에 관해서, 타인을 향한 미움과 사랑, 그러나 표현하고 싶지는 않은 자존심에 관해서. 아득히 먼 꿈과 지나치게 높은 목표, 그리고 시작도 전에 좌절하고 있는 나의 허약한 의지에 관해서…

본과 3학년이 되어 병원으로 임상실습을 나갔고, 나는 더 확실하게 의사가 되고 싶지 않았다. 지금 그만두면 아깝지 않겠느냐는 주위의 만류에 간신히 6년의 대학 생활을 마쳤고, 의사면허증을 갖게 되자 나는 미련 없이 고향을 떠났다.

경제적인 원조는 해 줄 수 없다는 아버지의 노여움에 배짱과 오기로 마주한 두 번째 대학생활. 심리학과 3학년으로 학사 편입을 했고, 85학번에 이어 90학번 학생이 되었다. 내가 여고 때 존재했던 과외금지령은 폐지되었고 나는 꽤 바쁜 과외 선생님이 되어, 경제적으로 부모님으로부터 독립했다.

주변의 반대를 무릅쓰고 시작한 만큼 잘해야 한다는, 내 선택이 틀리지 않았음을 보여주어야 한다는 부담감이 있었지만 공부는 꽤 재미있었다. 의대 시절 배웠던 지식의 상당 부분이 심리학과에서 배우는 것과 중첩되어 있었고, 의대에서의 빠듯한 생활에 익숙해 있어서 아르바이트와 병행하면서 새로운 공부를 하는 것도 그다지 힘이 들지 않았다. 다만 딱 떨어지는 정답을 찾아야 하는 의대 시험과는 달리 여러 이론 중에 하나를 골라 자신의 생각을 기술하라는 식의 시험지를 처음 받았을 땐 당황하기도 했다.

두 번째 대학 생활을 하는 동안 나는 목표 지향적이고 무미건조한 이과생에서 좀은 느슨하고 유연한 사고를 가진 문과생이 되었고, 괜찮은 성적으로 2년의 학부 과정을 마치고 이어서 대학원에 진학을 했다. 스스로에 대해 좀 더 잘 알게 되었고, 맨땅에 헤딩하는 심정으로 시작한 서울 생활에서 무사히 살아남았다는 뿌듯함도 있었다.

누구보다 아버지로부터 나의 선택을 인정받고 싶었는데 아버지는 내가 심리학과 대학원에 들어간 이후에도 결국엔 의사의 길로 돌아오고야 말 거라고 믿고 계셨고, 지도교수님은 장노년 발달심리학을 택한 내게 의학과 심리학을 접목해보라고 권하셨다. 어쩌면 두 마리 토끼를 다 잡을 수 있을 것 같았다. 제대로 된 계획과 최선을 다한 실행, 당연하게 따라오는 멋진 결과, 인간의 의지와 노력으로 뭐든 할 수 있다는 오만함. 그때의 나는 자신만만했다.

넘치던 의욕의 달콤함은 오래 가질 않았다. 나의 등대였던 두 분 모두 갑작스럽게 돌아가셨다. 나는 출항한지 얼마 지나지 않아 불빛을 잃고 한밤 바다를 떠도는 조각배 신세가 되었다.

안 좋은 일은 항상 동시다발적으로 일어난다. 공부는 방향을 잃고 엉망이 되었다. 어린 시절부터 알고 있었던 남편은 결혼을 하고나니 전혀 모르는 사람이 되어 있었다. 남편과 나는 서로 다른 공전 주기로 각자의 천체를 돌았다. 혼자 하는 공부도 내 맘대로 되지 않는데 나 아닌 타인이 내 맘대로 될 리가 없었다. 하나의 문제가 끝나면 또 다시 기다리고 있는 문제, 문제… 내가 배운 심리학은 나와 가족을 이해하는데 오롯이 사용되었다.

서울을 떠나 충청도로, 원치 않았던 의사의 삶을 살았다가 중지하고 다시 시작하기를 여러 번. 그 중 가장 많은 시간을 요양병원 의사로 보냈다.

2021년, 씩씩하게 투병했던 친구의 부고를 벚꽃 날리던 생일 아침에 첫 문자로 받았고, 국화꽃 향기 짙던 늦은 가을에는 친정엄마를 떠나보냈다. 십여 년을 요양병원에서 근무하면서 수많은 환자들의 사망 선언을 했던 나는, 내 환자였던 친정엄마의 사망진단서를 작성했을 때는 완전히 지쳐버렸다. 무기력했다.

다니던 병원을 그만두고 무작정 쉬고 있던 어느 날. 습관처럼 켜 놓은 컴퓨터 화면에 사이버대학교 배너 광고가 눈에 들어왔다. 방송문예창작학과. 나는 뭐라도 써야 할 것 같았다. 홀리듯 세 번째의 대학 생활을 시작했다.

이십 대의 대학생활과 오십대 중반의 대학생활은 생각보다 많이 다르다. 어느 틈에 세상이 이렇게 빨리 변했나, 나는 그동안 뭘 했나… 나는 요양병원 안에서 내 환자들의 느긋한 걸음걸이와 발맞추어 걷고 있는데 다른 사람들은 나를 뒤로 하고 앞으로 달리고 있었구나 싶은 당혹감이 컸다. 사이버대학이라고 좀 만만하게 본 것도 사실이고, 문예창작 앞에 붙은 '방송'이라는 말을 유념하지 않은 것도 실수였다. 웹 소설, 시나리오, 문화콘텐츠, 영상스토리텔링, 방송편집…. 종이책에 익숙한 나에게는 여전히 낯설다.

첫 번째 대학생활은 힘들었지만 아이러니하게도 지금까지 밥벌이를 하게 해 주었고, 두 번째 대학생활은 패기 넘치던 내 젊음의 빛나던 한 페이지로 기억된다. 세 번째 대학 생활이 내게 무엇을 남길 것인지 지금 알 수는 없지만 언젠가 내 인생에 무엇이었는지 자신 있게 말할 수 있기를 기대한다.

처음엔 제대로 된 글을 한 편이라도 쓰고 싶은 작은 마음으로 시작했는데 지금은 제때 과목을 수강하고, 밀리지 않고 과제를 제출하는 데 급급해진 느낌이다. 시험 보기가 싫고 방학이 기다려지는 걸 보면 학생이 되었음에 틀림이 없다.

나는 다시, 학생이다.

장덕민

제8회 한미수필문학상 대상
2009년 《한국산문》으로 등단
현재 평택제니스요양병원 봉직의
virginia1967@naver.com

한국의사수필가협회